사회평론

글 사회평론 과학교육연구소
대학에서 오랫동안 과학을 연구한 전문가들이 모여, 우리 아이들이 쉽고 재미있게 공부할 수 있는 책을 만들고 있습니다.

글 설정민 (사회평론 과학교육연구소 연구원)
서울대학교 생물학과를 졸업하고 같은 대학교 대학원에서 석사 학위를 받은 뒤 박사 과정을 수료하였습니다. 아이에게 과학을 쉽고 재미있게 얘기해 주려 노력하다 보니 어린이를 위한 책을 만드는 일에도 관심을 가지게 되었습니다. 현재 사회평론 과학교육연구소 연구원으로 과학책을 만들고 있습니다.

글 김형진 (사회평론 과학교육연구소 연구원)
연세대학교 천문대기과학과를 졸업하고 같은 대학교 대학원에서 석사, 박사 학위를 받았습니다. 과학자를 꿈꾸는 아이들에게 올바른 과학 개념과 과학적 태도를 함께 키울 수 있는 방법을 전달하기 위해 노력하고 있습니다. 현재 사회평론 과학교육연구소 연구원으로 과학책을 만들고 있습니다.

글 이명화 (사회평론 과학교육연구소 연구원)
서울대학교 물리교육과를 졸업하고 같은 대학교 대학원에서 석사, 박사 학위를 받았습니다. 10여 년간 중학교에서 과학을 가르쳤으며, 미국 아리조나 주립대에서 물리학으로 박사 학위를 받고 독일, 미국, 영국에서 연구원으로 근무하였습니다. 쉽고 재미있는 과학책을 쓰는 일에 관심을 갖고 있으며, 현재 사회평론 과학교육연구소 연구원으로 과학책을 만들고 있습니다.

글 이현진 (사회평론 과학교육연구소 연구원)
상명대학교에서 생물학과를 졸업하고 열린사이버대학교에서 심리학을 공부했습니다. 서울의대유전체의학연구소에서 연구원으로 있었으며, 와이즈만영재교육연구소와 아이스크림미디어에서 다수의 과학콘텐츠를 개발했습니다.

그림 조현상(매드푸딩스튜디오)
미국 필라델피아에서 U-Arts를 졸업했습니다. 한국과 미국에서 동화, 일러스트레이션, 만화 등 다양한 작업을 하고 있습니다.
mad-pudding.com | instagram.com/madpuddingstudio

그림 뭉선생
2004년 LG 동아 국제만화 공모전에 입상하며 작품 활동을 시작했습니다. 그린 책으로 《조지의 우주를 여는 비밀 열쇠》 시리즈, 《용선생 만화 한국사》 시리즈, 《용선생 처음 한국사》 시리즈, 《용선생 처음 세계사》 시리즈 등이 있습니다.

그림 윤효식
2002년 《소년 챔프》에 〈신검〉으로 데뷔하여 어린이에게 유익한 학습 만화를 그리고 있습니다. 그린 책으로 《마법천자문 사회원정대》 시리즈, 《용선생 만화 한국사》 시리즈, 《용선생 처음 한국사》 시리즈, 《용선생 처음 세계사》 시리즈 등이 있습니다.

감수 박재근
서울대학교 생물교육과를 졸업하고 같은 대학교 대학원에서 과학교육 전공으로 석사, 박사 학위를 받았습니다. 생물교육과 환경교육을 주로 연구하고 있으며, 중학교, 고등학교 교사를 거쳐 현재 경인교육대학교 과학교육과 교수로 재직 중입니다. 2015 개정 교육과정의 중학교 과학교과서, 초등학교 과학교과서를 함께 저술하였습니다.

캐릭터 이우일
홍익대학교에서 시각디자인을 공부한 만화가입니다. 그림책 작가인 아내 선현경, 딸 은서, 고양이 카프카와 함께 그림을 그리고 글을 쓰며 살고 있습니다. 지은 책으로 《우일우화》, 《옥수수빵파랑》, 《좋은 여행》, 《고양이 카프카의 고백》 등이 있고, 그린 책으로 《노빈손》 시리즈, 《용선생의 시끌벅적 한국사》 시리즈, 《교양으로 읽는 용선생 세계사》 시리즈 등이 있습니다.

용선생의 시끌벅적 과학교실

생식

글 **사회평론 과학교육연구소** | 그림 **조현상·뭉선생·윤효식** | 감수 **박재근** | 캐릭터 **이우일**

자손 퍼뜨리기 대작전!

사회평론

프롤로그

여러분, 안녕? 과학반을 맡은 용선생이야. 내 명성은 익히 들어 봤겠지? 역사반과 세계사반을 모두 훌륭하게 성공시키며 방과 후 교실 최고의 인기 교사가 된 그 용선생이란다. 교장 선생님께서 특별히 부탁하셔서 이번에는 과학반을 맡게 되었어. 어찌나 사정을 하시던지 도무지 거절할 수가 없었지 뭐야. 그래서 이 몸이 깜짝 놀랄 수업을 준비했단다.

우리의 수업은 언제나 질문과 함께 출발해. 세상을 둘러보다가 누군가 "저건 왜 그래요?" 하고 질문하면 바로 그 순간 수업이 시작되는 거지. 이제부터 용선생의 시끌벅적 과학교실을 제대로 즐기는 방법을 하나씩 알려 줄게.

첫째, 과학반 친구들과 함께 호기심을 갖고 질문해 봐. 과학을 어렵게만 생각하지 말고, 매 교시마다 아이들이 어떤 호기심을 가지는지 관심을 가져 봐. 과학반 친구들과 함께 '왜 그럴까?', '어떻게 알아낼 수 있을까?' 고민하다 보면 어렵던 과학도 쉽게 느껴질 거야.

둘째, 어려운 내용은 사진과 그림으로 이해해 봐. 어려운 과학 개념과 원리를 한 장의 사진이나 그림을 통해 단숨에 이해할 수도 있어. 그래서 너희를 위해 사진과 그림을 많이 준비했단다. 글을 읽다가 어렵다 싶으면 옆에 있는 사진과 그림을 봐. 잘 이해되지 않던 내용이 틀림없이 술술 이해될 거야.

셋째, 배운 내용을 되새기며 머릿속에 정리해 봐. 왁자지껄한 수업을 마치고 나면 뭘 배웠는지 정리가 안 될 때도 있을 거야. 그럴 때를 대비해 중간중간 핵심 정리를 준비했어. 또 배운 내용을 4컷 만화로 재미있게 요약해 두었지. 게다가 교시가 끝날 때마다 나선애의 정리노트도 마련했단다. 이 정도면 학습 정리는 문제없겠지?

과학은 분야도 다양하고 배울 내용도 아주 많아. 쉽게 이해할 수 있는 부분도 있지만, 여러 번 곰곰이 생각해 봐야 알 수 있는 부분도 있지. 이 책을 여러 번 다시 읽다 보면 구석구석 빠짐없이 모두 이해될 거야.

자, 이제 용선생의 시끌벅적 과학교실을 제대로 즐길 준비가 됐겠지? 그럼 신나는 수업을 시작해 볼까?

차례 | 생식

1교시 | 꽃가루받이
꽃에서 무슨 일이 일어날까?

식물은 왜 꽃을 피우지? ··· 13
밑씨와 꽃가루가 만나려면? ··· 16
꽃가루받이가 중요한 까닭은? ··· 19

나선애의 정리 노트 ··· 24
과학퀴즈 달인을 찾아라! ··· 25
용선생의 과학 카페 ··· 26
  - 가지가지 다양한 꽃가루받이

교과연계
초 4-1 식물의 한살이 |
초 6-1 식물의 구조와 기능

3교시 | 속씨식물과 겉씨식물
꽃 없이 씨를 만들려면?

은행나무는 왜 열매가 없을까? ··· 46
은행의 밑씨는 어디에? ··· 48
겉씨식물이 궁금해! ··· 51

나선애의 정리노트 ··· 56
과학퀴즈 달인을 찾아라! ··· 57

교과연계
초 4-1 식물의 한살이 | 초 4-2 식물의 생활 |
초 6-1 식물의 구조와 기능

2교시 | 열매와 씨
열매는 무슨 일을 하지?

열매의 정체를 밝혀라! ··· 31
씨가 멀리 퍼지려면? ··· 34
씨가 멀리 퍼지는 까닭은? ··· 39

나선애의 정리노트 ··· 42
과학퀴즈 달인을 찾아라! ··· 43

교과연계
초 4-1 식물의 한살이 |
초 6-1 식물의 구조와 기능

4교시 | 영양 생식
씨 없이 자손을 남기려면?

씨 대신 가지를 심으면? ··· 60
대나무는 어떻게 자손을 만들까? ··· 63
영양 생식을 하는 식물들 ··· 65
왜 영양 생식을 이용할까? ··· 69

나선애의 정리노트 ··· 72
과학퀴즈 달인을 찾아라! ··· 73
용선생의 과학 카페 ··· 74
  - 씨 없이 자손을 만드는 또 다른 방법, 포자!

교과연계
초 4-1 식물의 한살이 |
초 6-1 식물의 구조와 기능 |
중 3 생식과 유전

5교시 | 곤충의 생식

곤충은 어떻게 자손을 남길까?

곤충이 자손을 남기는 비결은? ··· 79
특이한 방법을 택한 곤충 ··· 82
새끼를 낳는 곤충이 있다고? ··· 85

나선애의 정리노트 ··· 88
과학퀴즈 달인을 찾아라! ··· 89

교과연계
초 3-1 동물의 한살이 | 초 3-2 동물의 생활

7교시 | 유성 생식과 무성 생식

수정하지 않고 자손을 만들려면?

대장균은 어떻게 빨리 늘어날까? ··· 113
빠르고 간단하면 늘 좋을까? ··· 116
대장균의 특성이 바뀌려면? ··· 119

나선애의 정리노트 ··· 122
과학퀴즈 달인을 찾아라! ··· 123
용선생의 과학 카페 ··· 124
　- 암컷 혼자서 자손을 만들어

교과연계
초 5-1 다양한 생물과 우리 생활 |
중 3 생식과 유전

6교시 | 체외 수정과 체내 수정

두꺼비 알과 거북 알은 뭐가 다르지?

두꺼비는 왜 물에 알을 낳을까? ··· 92
두꺼비 알의 특징은? ··· 96
거북은 어떻게 알을 만들까? ··· 98
거북 알의 특징은? ··· 101

나선애의 정리노트 ··· 106
과학퀴즈 달인을 찾아라! ··· 107
용선생의 과학 카페 ··· 108
　- 새끼를 낳는 동물

교과연계
초 3-1 동물의 한살이 | 초 3-2 동물의 생활 |
중 3 생식과 유전

가로세로 퀴즈 ··· 126
교과서 속으로 ··· 128

찾아보기 ··· 130
퀴즈 정답 ··· 131

등장인물

용쓴다 용써!
용선생

- 체력 ★★★
- 지력 ★★★★★
- 감성 ★★★
- 호기심 ★★★★★
- 유머 ★★

열정이 가득한 과학 선생님. 하늘을 향해 거침없이 솟은 머리카락과 삐죽삐죽한 수염이 매력 포인트. 생생한 과학 수업을 하기 위해 물불을 가리지 않는다.

장하다 장해!
장하다

- 체력 ★★★★★
- 지력 ★
- 감성 ★★★★
- 호기심 ★★★★★
- 유머 ★★★★★

'튼튼하게만 자라 다오.'라는 아버지의 소원대로 튼튼하게 자랐다. 성격은 일등, 성적은 비밀이다. 시험을 못 봐도 씩씩하고 엉뚱한 질문으로 수업에 활력을 준다.

오늘도 나선다!
나선애

- 체력 ★★★★
- 지력 ★★★★
- 감성 ★★★
- 호기심 ★★★★★
- 유머 ★★★

과학자를 꿈꾸는 우등생. 공부도 잘하고 아는 게 많아서 모든 일에 앞장서는 타입이다. 겉으로는 차가워 보이지만 내심 따뜻한 면도 가지고 있다. 전혀 티가 안 나서 그렇지.

잘난 척 대장
왕수재

- 체력 ★★★
- 지력 ★★★★
- 감성 ★
- 호기심 ★★★★★
- 유머 ★

세상에서 자기가 제일 잘난 줄 안다. '천재는 외로운 법이고 질투의 대상인 법'이라나. 친구들에게 깐족거리는 데에도 천재적이다. 그래도 수업에는 늘 적극적으로 참여한다.

낭만 가득
허영심

체력 ★★★★★
지력 ★★★
감성 ★★★★★
호기심 ★★★★★
유머 ★★

감성이 풍부해도 너무 풍부하다. 떨어지는 낙엽이나 밤하늘의 별을 보며 눈물짓고, 조그만 벌레와 대화를 나누는 사차원 성격. 하지만 누구보다 정이 많고 낭만적이다.

과학반 귀염둥이
곽두기

체력 ★★★
지력 ★★★★
감성 ★★★★
호기심 ★★★★★
유머 ★★★★

형과 누나들의 귀여움을 독차지하는 과학반 막내. 나이도 가장 어리고 타고난 동안이라 언뜻 보면 유치원생 같다. 훈장 할아버지 덕에 어려운 단어를 줄줄 꿰고 있다.

우리를 찾아봐!

감꽃
감나무의 생식 기관으로, 꽃잎, 꽃받침, 암술, 수술로 이루어져.

솔방울
소나무 같은 겉씨식물에서 볼 수 있고, 씨를 가지고 있어.

튤립
땅속에 있는 줄기인 구근을 이용하여 자손의 수를 늘려.

고치벌
나비 애벌레의 몸속에 알을 낳아 기생하여 자손을 남겨.

두꺼비
암컷과 수컷이 물속에서 체외 수정하여 자손을 만들어.

대장균
몸을 둘로 나누는 단순한 방법으로 자손을 만들어.

1교시 | 꽃가루받이

꽃에서 무슨 일이 일어날까?

곽두기는 넋을 놓고 과학실 창밖을 보고 있었다. 과학실에 들어온 장하다가 곽두기에게 다가가 말했다.

"뭘 그렇게 봐? 재미있는 거면 나도 좀 같이 보자!"

"형, 꽃에 벌이 날아와 앉았어."

"아, 난 또 뭐라고. 꿀 먹으러 왔겠지."

"벌이 꿀을 다 먹어 버리면 꽃은 어떡해?"

"어떡하긴? 벌 먹으라고 꿀을 만든 건데?"

용선생이 불쑥 나타나 말하자 장하다가 물었다.

"꽃이 벌 먹으라고 꿀을 만든다고요? 어째서요?"

"벌의 도움을 받을 일이 있거든. 꽃을 피우는 까닭도 그 때문이지."

"꽃을 피우는 까닭? 그게 뭔데요?"

 ## 식물은 왜 꽃을 피우지?

용선생은 창밖의 꽃을 가리키며 말했다.

"꽃이 피었다 지면 식물에 어떤 일이 일어나는지 아니?"

"흐음, 열매가 열리지 않나요?"

"그래, 꽃이 피었던 자리에 열매가 생겨. 열매 속에는 씨가 들어 있고, 이 씨가 땅에 떨어지면 싹이 터 새로운 식물로 자라지. 식물이 꽃을 피우는 까닭은 이처럼 씨를 만들어 자손을 퍼뜨리기 위해서란다."

▲ 토마토의 한살이

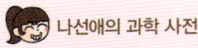 **나선애의 과학 사전**

생식 낳을 생(生) 불릴 식(殖). 생물이 자신과 같은 종류의 자손을 낳아서 수를 불리는 걸 말해.

"식물도 자손을 만들어요?"

"당연하지. 씨에서 자란 식물이 바로 그 식물의 자손이란다. 살아 있는 생물이 자신과 똑같거나 닮은 자손을 만들어 남기는 걸 생식이라고 해."

▲ 여러 생물의 생식

"그러면 동물이 짝짓기해서 새끼를 낳는 것도 생식이겠네요?"

"맞아. 동물, 식물을 포함해 모든 생물이 생식을 한단다."

"그럼 사람도 생물이니까 우리도 부모님이 생식을 해서 태어난 거예요?"

"부모님뿐이겠니? 부모님을 낳으신 할아버지, 할머니, 그

위의 조상님들까지 모두가 생식으로 자손을 낳은 덕에 지금 너희가 있는 거야."

"오, 생식이란 게 중요한 일이네요."

"중요하고말고! 동물이나 식물의 몸에는 생식만을 담당하는 부분도 있는걸. 이 부분을 생식 기관이라고 해. 생식기라고 부르기도 하지."

"잠깐만요, 식물에도 생식 기관이 있다고요?"

용선생은 눈을 동그랗게 뜬 곽두기에게 웃으며 말했다.

"하하, 그래. 꽃이 바로 식물의 생식 기관이란다. 꽃이 어떻게 생겼는지 자세히 살펴볼까?"

용선생은 화면에 그림을 띄웠다.

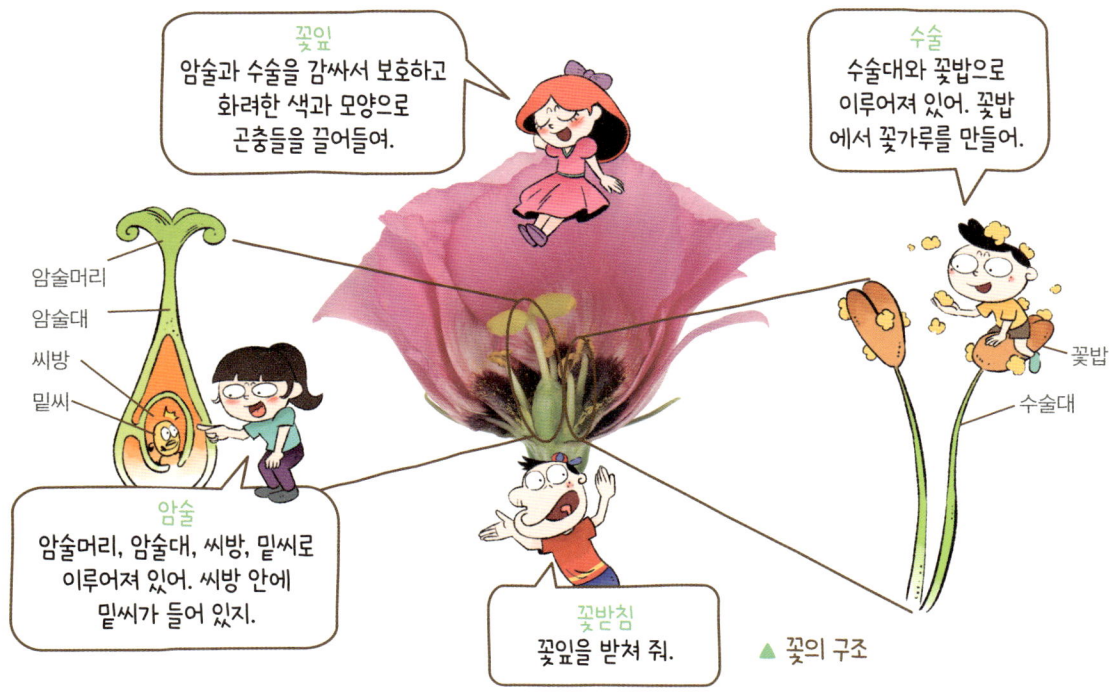

▲ 꽃의 구조

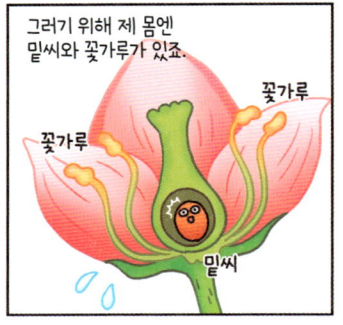

"꽃은 저마다 생김새가 다양하지만, 대체로 꽃 바깥쪽에 꽃받침과 꽃잎이 있고, 안쪽에 암술과 수술이 있어."

"암술과 수술? 어쩐지 암컷과 수컷이 생각나요."

"맞아. 꽃의 암술과 수술은 각각 동물의 암컷과 수컷의 생식 기관에 해당해. 암술의 아래쪽 깊은 곳에는 씨방이 있는데, 바로 그곳에 씨로 자랄 밑씨가 들어 있어. 이처럼 밑씨가 씨방 속에 있는 식물을 속씨식물이라고 부르지."

"그럼 수술은 왜 있어요?"

"수술에서는 꽃가루가 만들어져. 암술에 있는 밑씨와 수술에서 만들어진 꽃가루가 만나 씨가 만들어진단다."

 핵심정리

식물은 꽃을 피우고 씨를 만들어 생식을 해. 꽃은 꽃받침, 꽃잎, 암술, 수술로 이루어져 있어. 암술에서 밑씨, 수술에서 꽃가루를 만들어. 밑씨가 씨방 속에 있는 식물을 속씨식물이라 해.

 **밑씨와 꽃가루가 만나려면?**

"암술의 씨방 속에 있는 밑씨가 바깥에 있는 꽃가루와

어떻게 만나요?"

장하다가 고개를 갸웃거리며 물었다.

"그게 바로 벌의 도움을 받을 일이란다. 꽃은 화려한 색깔과 모양을 하고 있어서 멀리서도 눈에 잘 띄지? 덕분에 벌이나 나비 같은 곤충이 꽃을 찾아와 꿀을 먹으면서 꽃가루를 암술로 옮겨 주거든."

"꿀을 먹으면서 그런 일도 하는군요. 바쁘겠네요."

"근데 꿀은 어디에서 나와요?"

"꿀은 꿀샘에서 나와. 꿀샘은 꽃마다 위치가 조금씩 다르지만 대개 꽃에서 가장 깊숙한 곳에 자리해. 그렇다 보니 벌이나 나비가 꿀을 먹으려고 꿀샘을 찾으면서 아주 중요한 일이 함께 일어나."

"중요한 일이요?"

"벌이 꿀샘을 찾아 꽃 깊숙이 파고드는 과정에서 수술에 있는 꽃가루가 벌의 날개나 다리, 몸통에 묻어. 그 상태

▲ 화려한 모습으로 곤충들을 끌어들이는 시네라리아꽃

▲ 제라늄꽃 안쪽 꿀샘이 있는 곳

▲ 벌이 꽃가루를 옮겨 주는 과정

로 벌이 꿀을 먹고 다른 꽃으로 옮겨 가면 자연스럽게 꽃가루가 다른 꽃의 암술머리에 묻지. 이처럼 수술에서 만들어진 꽃가루가 다른 꽃의 암술머리에 달라붙는 것을 꽃가루받이라고 해."

왕수재가 안경을 고쳐 쓰며 말했다.

"근데 꽃가루가 암술머리에 묻은 것뿐이지 아직 암술 깊은 곳에 있는 밑씨를 만난 건 아니잖아요."

"시작이 반이란 말 들어 봤지? 일단 꽃가루받이가 되고 나면 꽃가루에서 관이 생겨서 씨방 속 밑씨를 향해 자라기 시작해. 이 관을 꽃가루관이라고 하지."

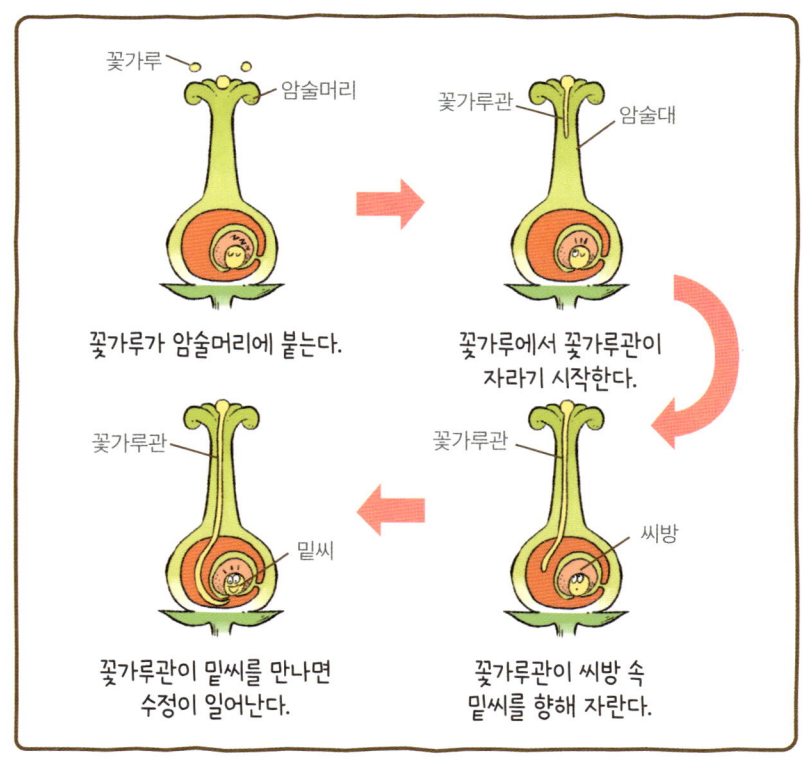

▲ 꽃가루관이 자라는 모습

용선생이 화면의 꽃가루관을 가리키며 다시 말했다.

"이 꽃가루관이 밑씨와 만나면 수정이 일어나는 거야. 수정이 이루어지면 밑씨는 비로소 씨로 자란단다."

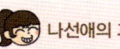

나선애의 과학 사전

수정 생물의 암컷과 수컷에서 생식을 위해 각각 만들어진 세포가 서로 만나 합쳐지는 걸 말해. 동물은 암컷의 알과 수컷의 정자가, 식물은 암술의 밑씨와 수술의 꽃가루가 만나 수정이 일어나.

핵심정리

식물은 곤충을 꽃으로 끌어들여 밑씨와 꽃가루를 만나게 해. 꽃가루가 암술머리에 붙는 걸 꽃가루받이라고 하지. 꽃가루받이 후 꽃가루관이 자라 씨방 속의 밑씨와 만나 수정이 일어나면 씨가 만들어져.

꽃가루받이가 중요한 까닭은?

나선애가 노트 필기를 멈추고 말했다.

"좀 이상해요. 한 꽃 안에 수술도 있고 암술도 있으니 바로 꽃가루받이를 하면 될 텐데, 왜 굳이 곤충이 이 꽃에서 저 꽃으로 꽃가루받이를 해 줘야 해요?"

"오, 선애가 아주 중요한 얘기를 했어. 동물이나 식물은 가까운 사이끼리는 생식을 하지 않으려고 한단다. 사람들이 가족이나 친척끼리는 결혼을 하지 않는 것처럼 말이야. 너희는 왜 가족끼리 결혼하지 않는지 혹시 아니?"

"글쎄요? 잘 모르겠어요."

"피를 나눈 가족이나 친척은 겉모습도 비슷하지만 눈에 보이지 않는 특성도 비슷해. 만약 어떤 질병에 잘 걸리는 특성이 있는 가족이 있다면 그 집안에서 태어난 자손도 그 병에 걸릴 가능성이 높지."

"오, 정말요? 가족이나 친척끼리는 서로 닮아서 잘 걸리는 질병도 비슷한가봐요."

"맞아. 한 꽃 안에서 꽃가루받이가 이루어지면 꽃가루와 밑씨가 가진 특성이 똑같아. 그래서 자손 식물도 부모 식물과 똑같은 특성을 가지게 돼. 반면에 다른 꽃끼리 꽃가루받이를 하면 꽃가루와 밑씨의 특성이 달라서 자손 식물은 부모 식물과 다른 특성을 가지게 되지."

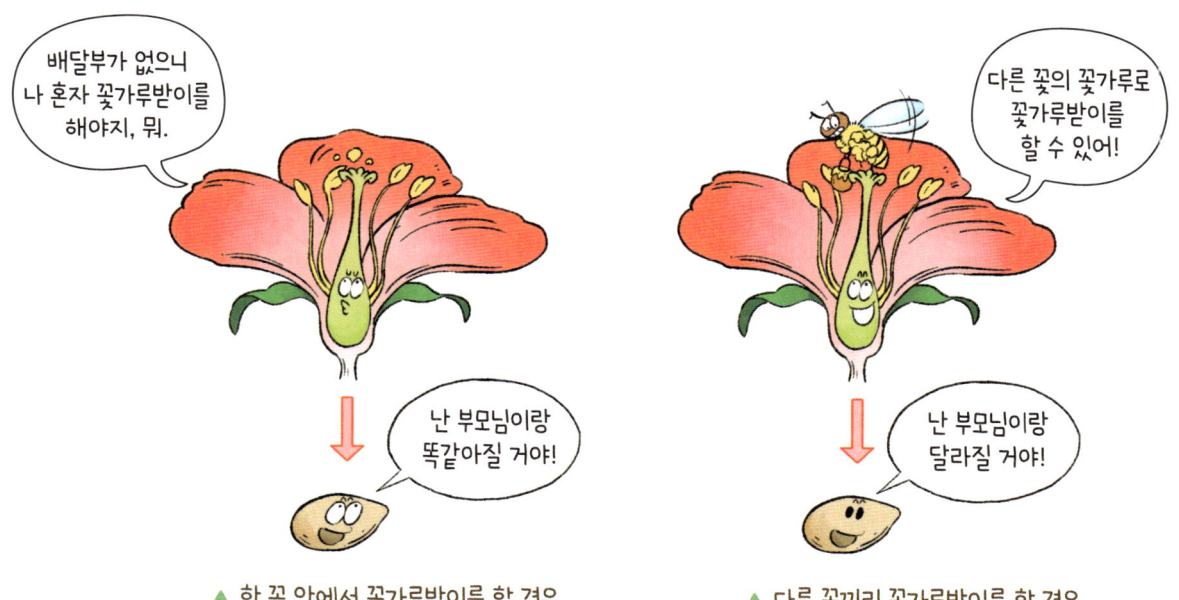

▲ 한 꽃 안에서 꽃가루받이를 할 경우   ▲ 다른 꽃끼리 꽃가루받이를 할 경우

"특성이 다른 게 좋은 건가요?"

"그럼, 다양한 특성을 가진 자손 식물은 부모 식물과 같은 특성을 가진 자손 식물보다 살아남는 데 유리하지."

"왜요?"

아이들이 고개를 갸웃거리자 용선생이 웃으며 말했다.

"예를 들어 물이 조금만 부족해도 시드는 식물이 있다고 해 보자. 그런데 그 식물의 밑씨가 물이 부족해도 어느 정도 견딜 수 있는 특성을 가진 꽃가루를 받아 씨를 맺었어. 그 씨에서 싹이 터 자손 식물이 자랐는데, 만약 그 지역에 오랫동안 비가 오지 않는다면 자손 식물은 어떻게 될까?"

왕수재가 손을 들고 대답했다.

"어쩌면 말라 죽지 않고 살아남을 수도 있겠죠."

"맞아. 만약 한 꽃 안에서 꽃가루받이를 해서 부모와 똑같은 특성을 물려받은 식물이라면 살아남지 못할 거야."

"물이 부족할 때 견딜 수 있는 특성이 없으니까요?"

"그래. 자손이 다양한 특성을 가지고 있으면, 환경이 변하더라도 적응해서 살아남을 가능성이 높아. 그래서 다른 꽃끼리 꽃가루받이를 하는 게 식물의 자손이 살아남는 데 유리한 거란다."

그때 장하다가 슬그머니 일어나 교실을 나가려 하자 허영심이 물었다.

"야, 너 어디 가?"

"식물이 열심히 생식 중인데 내가 도와줘야지."

"어떻게 도와주게?"

"손가락에 꽃가루를 묻혀서 옮겨 주면 되잖아!"

"얘들아, 굳이 그럴 필요는 없는데……."

"그래? 그럼 나도!"

장하다가 과학실을 쌩 나가자 나머지 아이들이 우당탕탕 뒤따라 나갔다.

핵심정리

다른 꽃끼리 꽃가루받이가 일어나면 부모 식물과 다른 특성을 가진 자손 식물이 만들어져. 다양한 특성을 가진 자손 식물은 환경이 변해도 적응하여 살아남을 가능성이 높아.

용선생의 과학 현미경

꽃가루받이, 그것이 궁금하다!

Q 만약 사과꽃의 꽃가루가 배꽃의 암술머리에 묻으면 어떻게 돼요?
A 아무 일도 안 일어나. 암술머리에서는 그 꽃과 같은 종류의 꽃가루만 꽃가루관이 자라게 된단다.

Q 한 꽃 안에서 꽃가루받이가 일어나면 정말 자손이 살아남기 힘든가요?
A 한 꽃 안에서 꽃가루받이한다고 무조건 살아남지 못하는 건 아니야. 그중에도 잘 살아남는 식물들이 있긴 하지만, 환경이 변화할 때에는 다른 꽃끼리 꽃가루받이해서 만든 자손이 살아남기에 더 유리하지.

Q 식물은 어떻게 한 꽃 안에서 꽃가루받이가 일어나지 않게 하나요?
A 한 꽃 안에서 꽃가루받이가 일어나지 않게 식물마다 다양한 특성을 갖추었어. 어떤 특성이 있는지 볼까?
  ① 꽃 안에서 암술과 수술의 높낮이가 달라. 그러면 수술의 꽃가루가 암술머리에 잘 묻지 않게 돼.

◀ 암술과 수술의 높낮이가 다른 앵초

  ② 암술과 수술이 자라는 시기가 달라. 어떤 꽃에서는 수술이 암술보다 먼저 자라서 꽃가루를 만들어. 이때 암술은 아직 덜 자랐기 때문에 꽃가루가 붙어도 꽃가루받이가 일어나지 않지.
  ③ 한 꽃에서 만들어진 꽃가루가 암술머리에 붙으면 아예 꽃가루관이 만들어지지 않는 식물도 있어.

나선애의 정리노트

1. ⓐ [　　]
   ① 살아 있는 생물이 자신과 똑같거나 닮은 자손을 만들어 남기는 것
   ② ⓑ [　　] : 생물의 몸에서 생식을 담당하는 부분

2. 꽃
   ① 식물의 생식 기관
   ② 식물은 꽃을 피워 ⓒ [　] 를 만들어 자손을 남김.
   ③ 꽃의 구조

3. 꽃가루받이
   ① 수술에서 만들어진 꽃가루가 ⓓ [　　] 에 붙는 현상
   ② 꽃가루받이 후 꽃가루관이 자라 씨방 속 ⓔ [　] 를 만남.
   ③ 꿀을 먹는 곤충에 의해 다른 꽃끼리 꽃가루받이가 이루어짐.
      → 다양한 특성을 가진 씨가 만들어짐.
      → 환경 변화에 적응하여 살아남을 가능성이 높음.

ⓐ 생식 ⓑ 생식 기관 ⓒ 씨 ⓓ 암술머리 ⓔ 밑씨

과학퀴즈 달인을 찾아라!

●정답은 131쪽에

01

친구들이 이번 시간에 배운 내용에 대해 이야기하고 있어. 옳으면 O, 옳지 않으면 X를 표시해 줘.

① 꽃가루가 암술머리에 붙는 게 꽃가루받이야. (   )
② 꽃가루받이가 일어나자마자 꽃가루는 밑씨를 만나. (   )
③ 다른 꽃끼리 꽃가루받이가 일어나야 식물의 자손이 살아남는 데 유리해. (   )

02

꿀벌이 꿀을 먹으러 꽃에 가려고 해. 꽃을 이루는 부분의 이름을 따라가며 벌이 길 찾는 걸 도와줘.

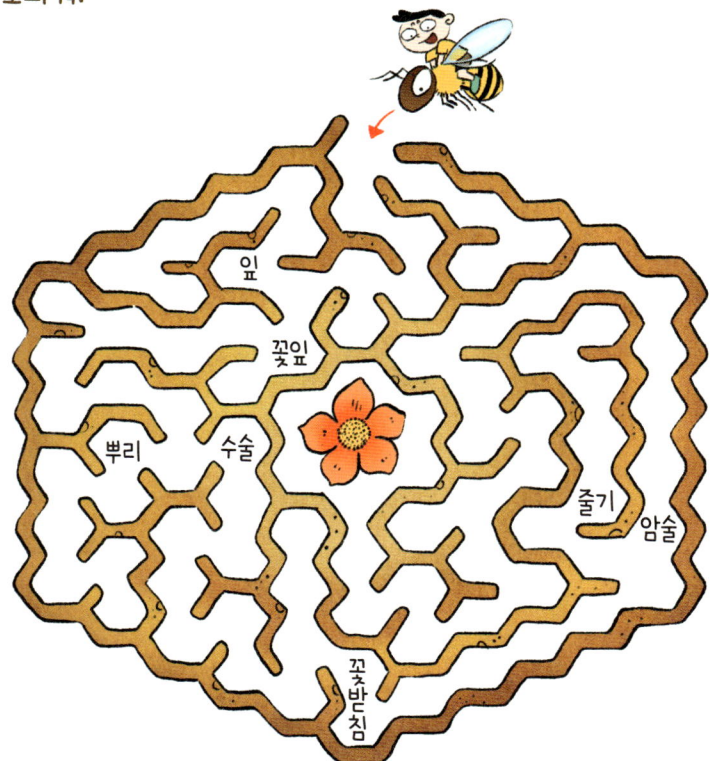

| 용선생의 과학 카페 | 용선생의 한국사 카페 | 용선생의 세계사 카페 |

https://cafe.naver.com/yongyong

용선생의 과학 카페

과학계의 핵인싸,
용선생의 과학 카페에
오신 걸 환영합니다.

Log in

MENU

물리면 아프다
화학이 화하하
생물 오징어
지구는 둥글다

가지가지 다양한 꽃가루받이

 꽃의 꿀을 먹으면서 꽃가루받이를 해 주는 동물은 벌과 나비 같은 곤충뿐인가요?

 아니야. 곤충뿐 아니라 새나 박쥐도 꿀을 먹으며 꽃가루받이를 해 주지. 또, 비닐하우스에서 키우는 식물은 곤충이나 동물이 안으로 들어오기 어려우니 사람이 직접 꽃가루받이를 해 주기도 해.

 오, 사람이 직접요? 신기하다.

▲ 동박새는 곤충이 활동하지 않는 겨울에 꽃이 피는 동백나무의 꽃가루받이를 해 줘.

▲ 비닐하우스에서는 사람이 붓이나 면봉에 꽃가루를 묻혀서 꽃가루받이를 해 줘.

▼ 긴코박쥐는 아가베꽃의 꿀을 먹으며 꽃가루받이를 해 줘.

동물의 도움을 받지 않고 바람이나 물을 이용해서 꽃가루받이를 하는 식물도 있어.

장하다의 오답을 피하는 방법
나선애의 야무진 실험실
왕수재의 아는 척 과학교실
허영심의 별 헤는 밤
곽두기의 빅뱅 따라잡기

 바람이나 물은 제멋대로 흘러가는데 어떻게요?

 꽃가루를 아주아주 많이 만들어서 바람이나 물을 따라 퍼지게 하는 거야. 꽃가루 대부분이 엉뚱한 곳으로 흩어지더라도 그중 몇몇이 암술에 붙으면 꽃가루받이가 일어날 수 있지.

 저렇게 많이 뿌리니까 한두 개는 암술을 만나겠네요.

 하하! 맞아. 그거야.

▲ 소나무의 꽃가루는 바람에 날려 퍼져.

▲ 나사말의 꽃가루는 물에 둥둥 떠내려가다 암꽃을 만나.

COMMENTS

 그래서 꽃가루가 그렇게 많이 날리는 거구나.

└ 에취! 듣기만 해도 재채기 나!

└ 에취! 나도!

"두기야, 지금 뭐 하는 거야?"

"어, 수재 형. 민들레 꽃가루를 날려 주고 있어. 오늘 바람이 안 불어서 내가 도와주는 거야. 헤헤."

"이게 꽃가루라고? 씨 아니야?"

용선생이 나타나 웃으며 아이들에게 말했다.

"하하, 얘들아. 이건 꽃가루가 아니야. 그렇다고 씨라고 하는 것도 틀려. 정확히 말하면 민들레 열매란다."

"이게 열매라고요? 열매는 사과나 토마토처럼 생긴 거잖아요."

아이들이 어리둥절한 표정을 짓자 용선생이 곰곰이 생각하더니 말했다.

"흠, 아무래도 열매에 대해 오해가 있는 것 같구나. 오늘 열매에 대해서 제대로 알아볼까?"

"좋아요!"

 ## 열매의 정체를 밝혀라!

"지난 시간에 식물이 열매를 맺기 전에 어떤 과정을 거치는지 배웠지?"

장하다가 손을 번쩍 들고 말했다.

"저 알아요! 꽃이 피었다 져야 열매가 생겨요."

"그렇지. 먼저 꽃이 피면 꽃가루받이가 일어나. 그리고 나서 꽃가루가 씨방 속에 있는 밑씨를 만나면 수정이 이루어지지."

"그다음엔요?"

"수정된 밑씨는 씨로 자라나고, 그러는 동안 씨방은 씨를 감싼 모습으로 변해. 이렇게 씨방이 자라서 씨를 둘러싸고 있는 게 바로 열매야."

"오호, 꼭 열매가 씨를 보호하는 것 같아요."

"맞아. 씨를 둘러싼 부분의 모양에 따라 열매의 모양이

꽃이 피고 지면 열매가 맺힌다고!

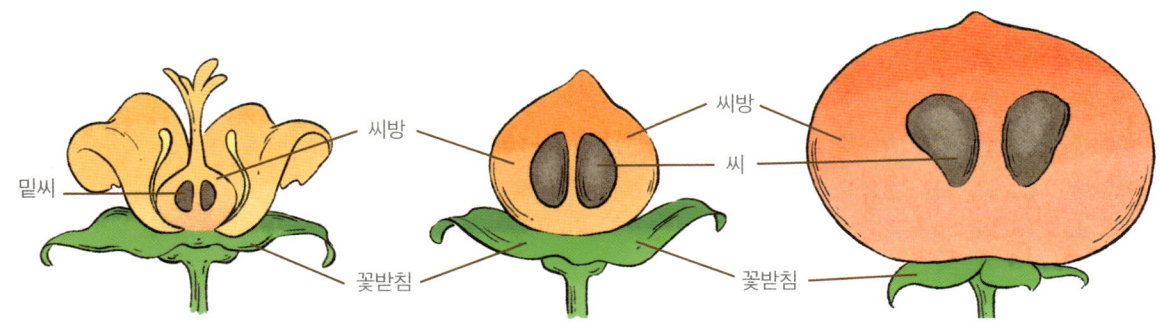

▲ 감꽃이 감 열매로 자라는 모습

나선애의 과학 사전

과육 열매 과(果) 살 육(肉). 열매에서 껍질과 씨를 제외한 살 부분으로 꽃의 씨방이나 꽃받침 등이 자라서 이루어져. 물과 영양분을 저장하고 있어서 동물의 먹이가 돼.

용선생의 과학 현미경

벼 이삭은 과육이 없고 여러 겹의 껍질이 달라붙어 있는 열매란다. 이때 껍질을 모두 벗기면 우리가 주로 먹는 백미가 되고, 껍질을 덜 벗기면 현미가 돼.

달라지지. 열매의 속을 들여다볼까? 열매는 한가운데 씨가 있고, 과육이 씨 주변을 둘러싸고 있어. 그리고 과육 바깥쪽에 열매껍질이 있지. 우리가 열매를 먹을 때에는 주로 과육 부분을 먹는 거야."

곽두기가 입맛을 다시며 말했다.

"그게 과육이었군요. 앞으로는 복숭아 과육이 맛있다고 해야겠어요. 헤헤."

"하하, 그런데 열매에 과육이 없는 식물도 많아. 아까 본 민들레처럼 말이야. 민들레의 열매는 털이 붙어 있는 얇은 열매껍질이 씨를 둘러싸고 있지. 벼나 콩도 과육 없이 열매껍질만 씨를 둘러싸고 있단다."

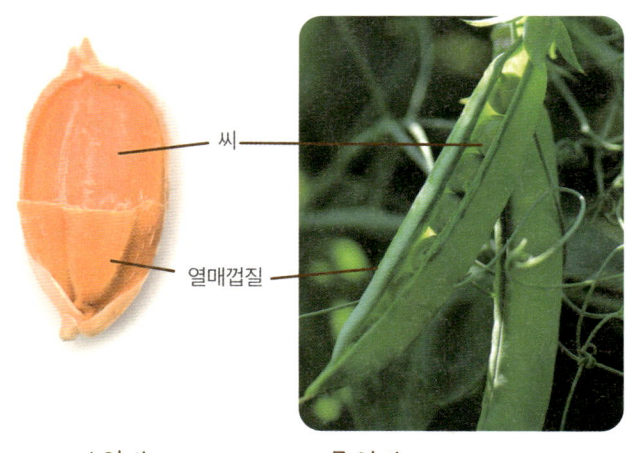

▲ 민들레 열매　　▲ 벼 열매　　▲ 콩 열매

"어? 벼나 콩에 과육이 없으면 뭘 먹는 거예요?"

"그건 과육이 아니라 씨를 먹는 거지."

"아, 우리가 먹는 게 씨였군요."

용선생이 고개를 끄덕이며 화면을 띄웠다.

"식물마다 열매의 모양과 색깔은 저마다 달라. 열매로 식물을 구별할 수도 있을 만큼 말이지."

▲ 열매의 다양한 겉모습

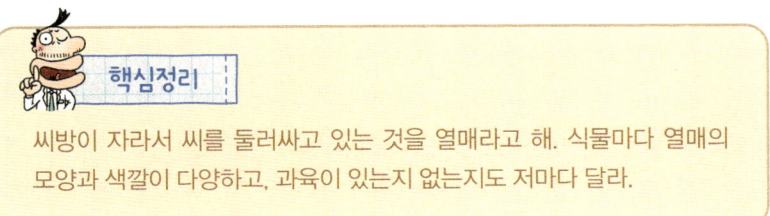

핵심정리

씨방이 자라서 씨를 둘러싸고 있는 것을 열매라고 해. 식물마다 열매의 모양과 색깔이 다양하고, 과육이 있는지 없는지도 저마다 달라.

 씨가 멀리 퍼지려면?

"헐, 저런 모양의 열매도 있는 줄은 몰랐네."
"그러게. 세상엔 참 특이하게 생긴 열매가 많아."

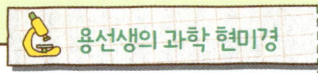 용선생의 과학 현미경

견과류의 정체는?

견과류는 한자로 굳을 견(堅), 열매 과(果), 무리 류(類) 자를 써서 딱딱한 열매 종류를 말해. 그런데 식물학자들은 열매껍질뿐 아니라 그 안에 있는 알맹이도 딱딱하고 물기가 거의 없는 열매만을 견과라고 하지. 도토리나 밤처럼 말이야.

좀 더 자세히 들여다볼까?

▲ 도토리 　　▲ 밤

우리가 흔히 견과류라고 알고 있는 땅콩과 아몬드는 식물학자들이 말하는 진짜 견과는 아니야. 땅콩은 콩의 한 종류이고, 아몬드는 열매껍질이 말랑하고 물기가 있거든. 보통 열매껍질과 씨껍질을 없앤 씨 부분만 먹어서 잘 몰랐지?

▶ 땅콩　　▶ 아몬드

장하다와 허영심이 중얼거리자 용선생이 말했다.

"하하, 열매 모양이 독특한 데에는 다 이유가 있단다. 열매는 씨를 보호하는 것뿐 아니라 씨를 멀리 퍼뜨리는 역할도 해. 그런데 열매 모양에 따라 열매 속 씨가 퍼지는 방법이 달라지지. 지금부터 그 방법을 하나씩 알아볼까?"

용선생은 작은 상자에서 열매 하나를 꺼내 보였다.

"자, 이건 도꼬마리라는 식물의 열매야."

용선생이 도꼬마리 열매를 곽두기에게 툭 던지자 도꼬마리 열매가 곽두기 옷에 착 달라붙었다.

"어? 제 스웨터에 붙어서 안 떨어져요."

"도꼬마리 열매에는 고리처럼 휜 가시가 촘촘히 나 있어서 이렇게 사람 옷이나 동물 털에 잘 붙어. 그래서 오랫동안 동물 몸에 붙은 채 멀리까지 퍼질 수 있지."

"도꼬마리 열매는 동물 덕에 씨를 퍼뜨리는 거네요!"

"그래. 그런데 동물을 통해 씨를 퍼뜨리는 가장 흔한 방법은 바로 동물에게 먹히는 거야."

장하다가 고개를 갸웃거리며 말했다.

"네? 동물에게 먹히면 씨가 부서질 것 같은데요?"

▲ **도꼬마리** 들이나 산에서 흔히 볼 수 있는 한해살이풀이야. 열매는 한약 재료로 쓰여.

▲ 동물 털에 붙은 도꼬마리 열매

오는 동안 소화가 다 됐어.

새로운 곳이다!

철퍽!

▲ 동물에게 먹혀 퍼지는 씨

"씨는 딱딱한 껍질 때문에 잘 소화되지 않아. 그래서 열매를 먹은 동물이 똥을 쌀 때 씨가 그대로 나오지."

"우웩!"

아이들의 반응에 용선생은 얼른 사진을 띄웠다.

"동물의 도움 없이 스스로 퍼지는 열매도 있어. 혹시 봉숭아라는 식물 아니?"

"들어 본 것 같기도 하고……."

"봉숭아는 옛날에 손톱에 빨간 물을 들일 때 많이 쓰던 식물이야. 봉숭아의 열매는 익으면 껍질이 저절로 터지면서 씨가 멀리 튀어 날아가."

"우아! 껍질이 터지면서 씨가 날아간다고요? 봉숭아 씨 폭탄이다!"

"어휴, 오버 좀 하지 마!"

▼ 봉숭아

▼ 봉숭아 열매가 터지며 씨가 퍼지는 모습

용선생은 티격태격하는 장하다와 나선애를 보며 빙긋 웃고는 다시 말했다.

"이렇게 열매를 터뜨려 씨를 퍼뜨리는 식물 중에는 좀 더 멀리 씨를 퍼뜨리고 싹이 잘 트게 하기 위해 특별한 씨를 만드는 경우도 있어."

"특별한 씨요? 어떤 건데요?"

"금낭화라는 식물은 동물의 먹이가 되는 영양분 덩어리를 씨에 붙여. 이 영양분 덩어리를 '엘라이오솜'이라고 해.

▲ 금낭화

▲ **엘라이오솜** 금낭화 등의 식물 씨에 붙은 영양분 덩어리야. 이러한 씨를 맺는 식물들은 엘라이오솜으로 개미를 유인해 씨를 퍼뜨려.

용선생의 시끌벅적 **과학교실** 37

개미는 이 씨를 집에 가져가서 애벌레에게 엘라이오솜을 먹이고 남은 씨는 흙 속에 버려. 그러면 이 씨들이 흙에 묻혀 있다가 나중에 싹을 틔우지."

나선애가 고개를 끄덕이며 말했다.

"정말 열매에 따라 씨가 퍼지는 방법이 다양하네요."

"하하, 아직 끝이 아니야. 자연 환경을 이용해 씨를 퍼뜨리는 열매도 있단다."

"자연 환경이요?"

"그래. 민들레 열매는 털이 달려 있어서 바람에 날려 퍼지지? 단풍나무 열매는 날개처럼 생긴 부분이 있어서 바람을 타고 날아가. 마치 헬리콥터처럼 말이야."

"단풍나무 씨는 싹이 트기도 전에 헬리콥터 여행을 하네요."

"하하, 배를 타고 여행하는 씨도 있는걸?"

"열매가 어떻게 배를 타고 가요? 사람도 아니고."

곽두기가 놀란 얼굴로 묻자 왕수재가 잽싸게 말했다.

"아하! 열매가 물에 떠서 멀리 흘러간다는 거죠?"

"맞아! 코코넛 열매는 물에 둥둥 떠서 흘러간단다."

"코코넛 열매가 물에 뜬다고요? 엄청 크고 무거워 보이던데요?"

▲ 물에 떠 있는 코코넛 열매

▲ 코코넛 열매의 속껍질

"코코넛 열매의 겉껍질 안에는 실이 엉켜 있는 두터운 속껍질이 있어. 실 사이사이에 공기가 많이 갇혀 있어서 코코넛 열매가 물에 뜰 수 있지."

핵심정리

열매 속 씨는 다양한 방법으로 멀리까지 퍼져 나가. 동물이 실어 나르기도 하고, 열매가 터져 튀어 날아가기도 하고, 물과 바람을 타고 퍼지기도 하지.

 ## 씨가 멀리 퍼지는 까닭은?

"씨가 퍼지는 방법도 참 여러 가지네요. 근데 씨가 들어 있는 열매는 왜 하나같이 멀리 퍼지기 좋게 생긴 거죠?"

"그러게요. 멀리 가지 않고 부모 식물 가까이에 살아도 되잖아요."

왕수재와 나선애의 말에 다른 아이들도 궁금한 얼굴로 용선생을 쳐다봤다.

"한번 생각해 보자. 만약 씨가 커다란 나무 바로 아래에서 싹트면 어떻게 될까?"

잠시 생각하던 허영심은 머리 위로 손을 올려 그늘을 만드는 시늉을 했다.

"커다란 나무가 비바람을 막아 줘서 싹이 잘 자라지 않을까요? 부모님이 우릴 보호해 주시는 것처럼요."

"하하, 식물들의 세계는 조금 다르단다. 생각해 봐. 큰 나무의 그늘 아래 있으면 햇빛을 잘 받을 수 있겠니?"

"아, 맞다! 햇빛!"

그때 왕수재가 잽싸게 말했다.

"식물은 햇빛을 받아야 잘 자라죠! 부모 식물 아래 싹을 틔우면 햇빛을 받지 못해서 제대로 자랄 수 없겠네요!"

"그래. 햇빛을 받기 위해 부모 식물과 자리 다툼을 해야 하는데 조그만 싹이 어떻게 다 큰 식물을 이길 수 있겠니? 그러니 부모 식물과 멀리 떨어져 사는 게 훨씬 좋지."

"부모와 자식 사이에 살아남기 위해 다퉈야 한다니!"

"햇빛뿐만이 아니야. 식물은 땅속에 뿌리를 뻗어서 물과 영양분을 얻어. 그러니 땅속의 물과 영양분을 차지하기 위해서도 부모 식물과 치열하게 경쟁하는 거지."

"헉, 땅 위에서도 모자라 땅속에서까지!"

"그래서 씨가 멀리 퍼지려고 하는 거야. 멀리 떨어지면 부모 식물과 경쟁을 피하게 되니까."

그러자 곽두기가 용선생에게 슬쩍 다가가 물었다.

"선생님, 이 도꼬마리 열매 제가 가져가도 돼요? 옷에 붙인 채로 얼마나 멀리 갈 수 있을지 궁금해서요. 헤헤."

"아까는 민들레를 퍼뜨려 주더니 이번엔 도꼬마리를? 하하, 그렇게 하렴."

곽두기는 스웨터에 붙은 도꼬마리 열매가 혹시나 떨어지지 않을까 조심스레 과학실을 나갔다. 다른 아이들도 그 뒤를 졸졸 따라 나갔다.

핵심정리

씨는 부모 식물과 햇빛이나 물, 영양분을 두고 경쟁하는 것을 피하여 부모 식물로부터 멀리 떨어진 곳으로 퍼져 나가.

나선애의 정리노트

1. 열매의 생김새
① 씨 + ⓐ _____ 이 씨를 둘러싸고 자란 과육 + 열매껍질
   예) 감, 복숭아

② 씨 + ⓑ _____
   예) 민들레, 콩, 벼

2. 씨가 퍼지는 방법

ⓒ _____ 몸에 붙어서   동물에게 먹혀서   열매를 터뜨려서

엘라이오솜으로 개미를 꾀어서   ⓓ _____ 에 날려서   물에 떠서

3. 씨가 멀리 퍼지는 까닭
· 부모 식물과 햇빛, 물, 영양분을 차지하기 위한 ⓔ _____ 을 피하게 됨.

ⓐ 사와 ⓑ 씨껍질 ⓒ 동물 ⓓ 바람 ⓔ 경쟁

 ## 과학퀴즈 달인을 찾아라!

●정답은 131쪽에

01

친구들이 이번 시간에 배운 내용에 대해 이야기하고 있어. 옳으면 O, 옳지 않으면 X를 표시해 줘.

① 과육은 씨와 열매 껍질 사이에 있어. (   )
② 모든 열매에는 과육이 있어. (   )
③ 씨 모양에 따라 씨가 퍼지는 방법도 달라. (   )

02

금낭화는 '이것'을 이용해 개미를 꾀어서 씨를 퍼뜨려. '이것'은 무엇일까? 미로를 통과하면서 글자를 모아 괄호 안에 적어 봐.

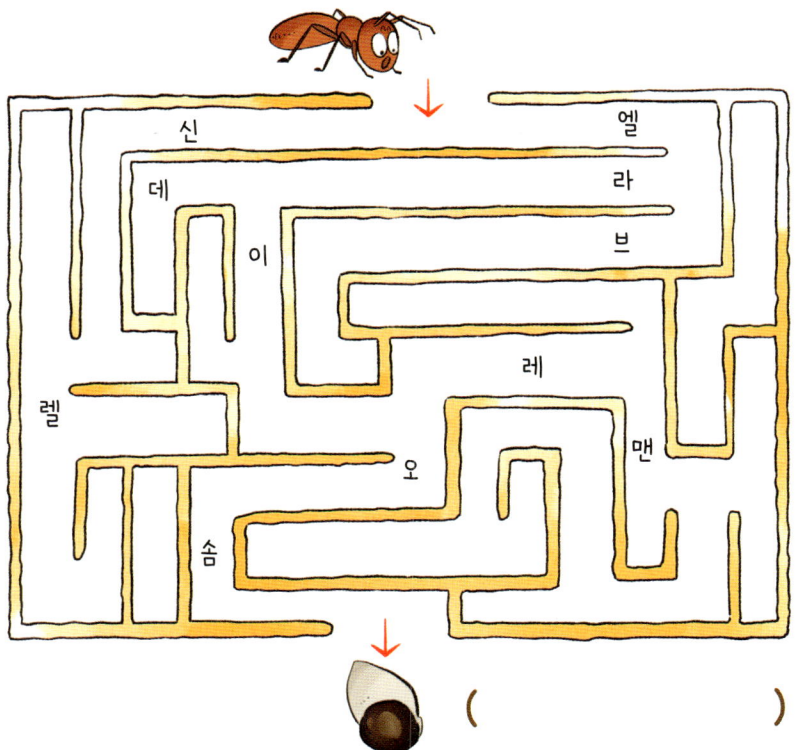

(   )

"아니, 이게 도대체 무슨 냄새야?"

과학실에 들어온 용선생이 코를 쥐며 묻자 장하다가 머리를 긁적였다.

"아까 애들하고 놀다가 은행 열매를 밟았거든요. 그때 신발에 묻은 냄새인가 봐요."

"은행 열매를 밟았다고? 은행은 열매가 없는 식물인데?"

"네에? 열매가 없다고요? 그럼 제가 밟은 건 뭐예요?"

 은행나무는 왜 열매가 없을까?

> **용선생의 과학 현미경**
> 은행 씨의 노란색 겉껍질에는 '빌로볼'과 '은행산'이라는 물질이 있어. 이 물질들은 강한 냄새를 풍기고 독성을 띤단다.

"그건 은행 씨야. 먼저 은행의 고약한 냄새가 어디서 나는지 알려 줄게. 이 냄새는 바로 노란색 껍질에 있는 물질에서 나는 거야. 이 껍질은 열매껍질이 아니라 씨껍질이지.

▲ **은행 씨의 구조** 은행 씨는 여러 겹의 껍질로 싸여 있어. 고약한 냄새가 나는 곳은 겉껍질이야.

은행은 열매가 아니라 씨거든."

곽두기가 눈이 휘둥그레져서 말했다.

"은행이 열매가 아니라 씨였다고요? 처음 알았어요."

"열매는 씨를 둘러싼 씨방이 자라서 커진 거라고 했지? 하지만 은행에는 씨방이 없어서 열매로 자랄 부분이 없어. 그러니까 은행은 열매가 아니라 씨란다. 과육처럼 보이는 부분은 사실 여러 겹의 씨껍질이지."

나선애가 공책을 휘리릭 넘기더니 물었다.

"잠깐만요. 씨방이 없다고요? 지난 시간에 씨방 속에 밑

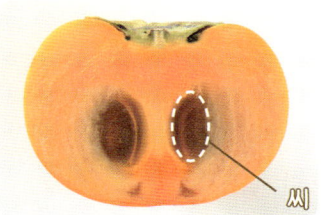

▲ **감** 열매 안에 씨가 있어.

▲ **은행** 열매처럼 보이지만 전체가 씨야.

씨가 있다고 하셨잖아요. 씨방이 없다면 씨가 어디에서 생겨요?"

"일반적인 꽃은 밑씨가 씨방 속에 있지. 하지만 은행은 달라."

왕수재가 고개를 갸웃거리며 말했다.

"그럼 은행 씨는 어떻게 만들어지는데요?"

"물론 은행 씨도 꽃가루와 밑씨가 만나서 만들어져. 밑씨가 씨방에 있지 않을 뿐이란다."

은행나무에는 열매가 아니라 씨가 열려. 은행은 씨방이 없어서 열매를 맺지 않아.

 ## 은행의 밑씨는 어디에?

"그러면 은행나무 꽃에는 씨방이 없어서 밑씨가 다른 곳에 있다는 말씀인가요?"

"후후, 말로만 할 게 아니라 은행나무에서 씨가 만들어지는 부분을 직접 살펴보자."

"네. 도대체 밑씨가 어디에 있는지 너무 궁금해요."

용선생은 고개를 끄덕이며 사진을 띄웠다.

"이게 은행나무 꽃이란다."

▲ 은행나무는 암꽃만 피는 암나무(왼쪽), 수꽃만 피는 수나무(오른쪽)가 따로 있어.

"엥, 무슨 꽃이 이렇게 볼품없게 생겼담?"

"그러게. 그냥 봤으면 꽃인지도 몰랐을 거야."

허영심과 나선애가 투덜대자 용선생이 웃으며 말했다.

"하하, 그렇다 해도 할 말이 없구나. 암꽃과 수꽃을 구분해 부르긴 하지만 사실 진짜 꽃은 아니거든."

"진짜 꽃이 아니라니요?"

"일반적인 꽃들이 가지고 있는 꽃잎, 꽃받침, 암술, 수술이 없다는 거지. 자, 여길 볼까?"

용선생이 다시 그림을 띄웠다.

"은행나무 암꽃을 살펴보면 꽃잎이나 꽃받침이 없고, 심지어 암술도 없어. 길게 뻗은 자루 끝에 밑씨 두 개가 달랑 있을 뿐이야. 밑씨가 있으니 암꽃 역할을 하지만, 꽃의 기본 구조를 갖추지는 못했지."

"아, 그래서 진짜 꽃이 아니라는 거군요."

"수꽃 역시 꽃잎이나 꽃받침 없이 꽃가루를 만드는 곳만 있어."

"진짜 꽃도 아닌데 어째서 암꽃, 수꽃이라고 부르죠?"

▼ **은행의 꽃가루받이** 아주 작고 가벼운 꽃가루가 바람에 날려 밑씨에 닿아 꽃가루받이가 돼.

"꽃의 기본 구조를 갖추진 못했지만 어쨌든 씨를 만드는 생식 기관이니까 꽃이라고 부르는 거지."

"하긴 꽃가루받이에 필요한 밑씨와 꽃가루는 가지고 있으니까요."

용선생이 목소리를 가다듬고 말했다.

"정리하면, 감이나 민들레처럼 밑씨가 씨방 속에 있는 식물을 속씨식물이라 하고, 이렇게 은행나무처럼 밑씨가 겉으로 드러나 있는 식물을 겉씨식물이라 해."

핵심정리

은행나무의 암꽃과 수꽃은 각각 밑씨가 있는 부분, 꽃가루를 만드는 부분으로만 이루어져 있어. 씨방이 없고 밑씨가 겉으로 드러나 있는 식물을 겉씨식물이라 해.

겉씨식물이 궁금해!

"밑씨가 속에 있으면 속씨식물, 겉에 있으면 겉씨식물, 외우기 쉽네요."

"하하, 그렇지? 그런데 지구상에 있는 식물 대부분은 속

용선생의 과학 현미경

오래전 공룡이 살던 시대에는 식물 대부분이 겉씨식물이었어. 그러다 속씨식물이 나타나 매우 번성했고, 겉씨식물은 점점 줄어들었지.

나선애의 과학 사전

침엽수 잎이 뾰족한 바늘처럼 생긴 나무를 말해. 잎이 넓적하게 생긴 나무는 활엽수라고 불러.

▲ 소나무 대표적인 겉씨식물로, 우리나라 전 지역에서 흔히 볼 수 있어.

씨식물이고, 겉씨식물은 종류가 그리 많지 않아. 속씨식물은 35만여 종이나 되는데, 겉씨식물은 1,000여 종뿐이거든."

"애개, 그것밖에 안 되면 보기 힘들겠네요?"

용선생은 소나무 사진을 띄우며 말을 이었다.

"아니. 너희가 흔히 보는 소나무가 대표적인 겉씨식물이야. 겉씨식물은 대부분 잎이 바늘처럼 생긴 침엽수이지. 또, 1년 내내 잎이 지지 않는 상록수인 경우가 많아."

아이들은 고개를 갸웃거리며 물었다.

"선생님, 은행나무가 겉씨식물이라고 하시지 않았나요? 은행잎은 바늘 모양이 아니라 부채 모양인데요?"

"게다가 은행나무는 가을에 잎이 지잖아요."

"하하, 사실 은행나무는 좀 별나긴 하지. 침엽수도 상록수도 아니지만 겉씨식물의 가장 중요한 특징을 가지고 있어서 겉씨식물로 분류되는 거야."

"밑씨가 겉으로 드러나 있다는 거요?"

"그렇지."

왕수재가 손을 들고 물었다.

"그러면 소나무도 밑씨가 겉으로 드러나 있겠네요?"

용선생은 고개를 끄덕이며 새로운 그림을 띄웠다.

"맞아. 소나무는 솔방울 모양의 암꽃과 수꽃이 한 그루에 같이 피어. 은행나무 꽃과 마찬가지로 꽃잎, 꽃받침, 암술, 수술 같은 일반적인 꽃의 구조를 갖추진 못했지만 말이야."

"그러면 은행나무처럼 밑씨가 암꽃 바깥쪽에 드러나 있나요?"

"수꽃에는 꽃가루를 만드는 부분만 있고요?"

"그렇단다. 암꽃과 수꽃 솔방울은 '비늘'이라고 하는 작

▲ 소나무 암꽃과 바늘 모양의 잎

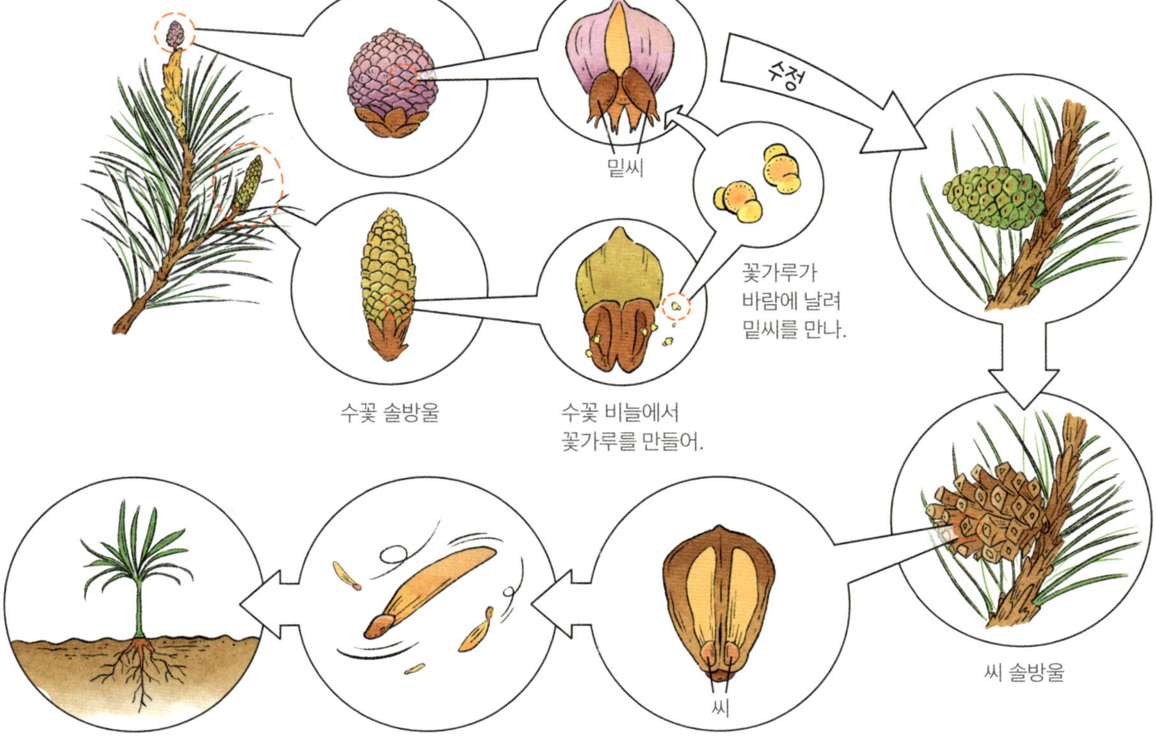

암꽃 솔방울

암꽃 비늘에는 밑씨가 있어.

밑씨

수정

꽃가루가 바람에 날려 밑씨를 만나.

수꽃 솔방울

수꽃 비늘에서 꽃가루를 만들어.

씨 솔방울

씨

날개처럼 생긴 씨껍질 때문에 바람에 날려 씨가 퍼져.

▲ 소나무의 생식 과정

은 조각들로 이루어져 있어. 암꽃 솔방울 비늘에는 밑씨가 드러나 있고, 수꽃 솔방울 비늘에는 꽃가루를 만드는 부분이 있지."

"꽃가루받이는 어떻게 해요? 역시 꽃가루가 바람에 날려 가나요?"

"맞아. 수꽃 비늘에서 만들어진 꽃가루가 바람에 날려 암꽃 비늘의 밑씨에 닿으면 꽃가루받이와 수정이 일어난단다. 수정 후에 씨를 맺은 암꽃 솔방울은 차차 갈색으로 변하는데, 이걸 씨 솔방울이라고 해. 바로 우리가 흔히 보는 솔방울이지."

"산에 갔을 때 땅에 떨어져 있는 솔방울 말이에요?"

"그래, 바로 그거야. 근데 너희들 그거 아니? 식혜나 수정과 위에 동동 떠 있는 잣도 잣나무의 솔방울에서 맺힌 씨라는 사실!"

"엥? 그게 무슨 말씀이세요? 솔방울이 잣나무에도 열린다고요?"

"그렇단다. 소나무의 솔방울처럼 비늘이 여러 개 뭉친 모습으로 씨를 가지고 있는 것을 모두 솔방울이라고 해. 잣나무에 열리는 것도 솔방울이라고 부르지."

▲ 잣나무의 솔방울과 씨

"그럼 잣나무도 겉씨식물이에요?"

"맞아. 잣나무 말고도 솔방울을 만드는 식물은 모두 겉씨식물이란다."

갑자기 장하다가 신발을 높이 들어 흔들며 말했다.

"하지만 겉씨식물 중에는 솔방울을 만들지 않는 은행나무도 있다는 걸 잊지 말라고."

"어휴, 냄새 때문에 절대 안 잊어버리겠네. 가서 신발 좀 닦아!"

허영심이 코를 막자 장하다가 킥킥대며 말했다.

"냄새는 이미 어쩔 수 없다고. 누구 나랑 은행 밟으러 갈 사람!"

"너나 가!"

장하다가 신발을 흔들며 교실을 나가자 아이들은 고개를 절레절레 저었다.

 핵심정리

소나무는 비늘로 이루어진 솔방울 모양의 수꽃과 암꽃에서 씨를 만들어. 소나무나 잣나무와 같이 솔방울을 만드는 나무는 모두 겉씨식물이야.

나선애의 정리노트

1. 씨를 만드는 식물의 종류

구분	ⓐ____ 식물	ⓑ____ 식물
대표 식물	감, 복숭아, 민들레, 콩	은행나무, 소나무, 잣나무
종수	35만여 종	1,000여 종
잎	넓은 잎 모양. 가을에 잎이 떨어짐.	바늘처럼 가는 잎 모양. 1년 내내 잎이 지지 않음.
꽃	암술, 수술, 꽃잎, 꽃받침 등 꽃의 기본 구조를 가짐.	꽃의 기본 구조를 갖추지 못함.
꽃가루받이	곤충, 동물, 사람, 바람, 물 등에 의해 이루어짐.	바람에 의해 이루어짐.
씨방	있음.	없음.
ⓒ____ 의 위치	씨방 속에 있음.	겉으로 드러나 있음.
열매	있음.	ⓓ____
씨	열매 안에 있음.	솔방울의 ⓔ____ 에 있음.

ⓐ 속씨 ⓑ 겉씨 ⓒ 밑씨 ⓓ 없음 ⓔ 비늘

과학퀴즈 달인을 찾아라!

●정답은 131쪽에

01

친구들이 이번 시간에 배운 내용에 대해 이야기하고 있어. 옳으면 O, 옳지 않으면 X를 표시해 줘.

① 소나무의 암꽃과 수꽃은 각각 다른 나무에서 피어. (   )
② 은행나무 암꽃에는 길게 뻗은 자루 끝에 밑씨가 있어. (   )
③ 암꽃 솔방울 비늘에는 밑씨가 드러나 있어. (   )

02

왕수재가 길을 찾고 있어. 겉씨식물과 관련된 그림이 있는 길을 따라가면 도착할 수 있어. 왕수재가 길을 찾을 수 있게 도와줘.

출발 / 도착

4교시 | 영양 생식

씨 없이 자손을 남기려면?

왜 흙에 나뭇가지가 꽂혀 있지?

이 식물의 자손을 만드는 중이야.

교과연계

초 4-1 식물의 한살이
초 6-1 식물의 구조와 기능
중 3 생식과 유전

이렇게도 자손을 만들 수 있어요?

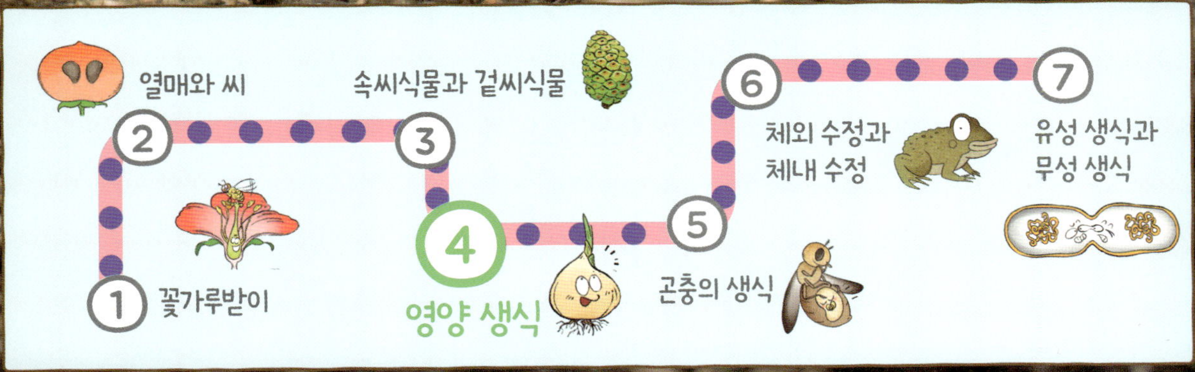

1 꽃가루받이
2 열매와 씨
3 속씨식물과 겉씨식물
4 영양 생식
5 곤충의 생식
6 체외 수정과 체내 수정
7 유성 생식과 무성 생식

용선생이 네모난 화분을 들고 과학실에 들어서자 아이들이 우르르 몰려들었다.

"선생님, 화분에 나뭇가지는 왜 꽂아 놓으신 거예요?"

"이 식물의 생식을 돕기 위해서이지."

"네? 그게 무슨 말씀이세요?"

"하하, 이 식물의 수를 늘리는 중이란 뜻이야."

"아니, 가지를 꽂아서 어떻게 식물의 수를 늘려요?"

 ## 씨 대신 가지를 심으면?

곽두기가 화분을 만지작거리며 말했다.

"저희 할아버지도 이렇게 하시는 걸 본 적 있어요. 흙에 나뭇가지를 꽂아 두었더니 새로 잎이 돋고 나중엔 꽃도 피었거든요."

"두기 말이 맞아. 조금 지나면 이 나뭇가지들에서 뿌리가 내리고 새잎이 날 거야. 또 꽃도 필 거고."

"엥? 아무것도 없는 나뭇가지에서 뿌리랑 잎이 나고 꽃이 핀다고요?"

"그렇단다. 이건 미선나무라고 하는 식물인데, 이렇게 줄기 부분을 잘라 흙에 꽂아서 수를 늘려."

"잠깐만요. 씨를 심는 게 아니라 줄기를 잘라서 식물 수를 늘린다고요?"

"그래. 이렇게 줄기나 잎을 흙에 꽂아서 새로운 식물로 자라게 하는 방법을 '꺾꽂이'라고 해."

용선생은 화면을 띄우며 말을 이었다.

▲ **미선나무** 우리나라에서만 발견되며, 현재 지구에 단 한 종류밖에 없는 희귀한 식물이야.

▲ **꺾꽂이** 줄기나 잎을 잘라 흙에 심어서 새로운 식물을 만들어.

▲ **휘묻이** 줄기를 휘어서 흙에 묻어 뿌리를 내린 다음 잘라서 새로운 식물을 만들어.

▲ **포기 나누기** 식물을 뿌리째 잘라 여러 개로 나누어 새로운 식물을 만들어.

"아주 오래전부터 사람들은 꺾꽂이나 휘묻이, 포기 나누기 같은 방법을 써서 식물의 수를 늘렸어. 식물의 잎, 줄기, 뿌리를 이용하여 새로운 식물을 자라게 하는 거지."

"어, 이런 것도 생식인가요?"

"그렇단다. 식물의 몸에서 잎, 줄기, 뿌리는 영양분을 만들거나 운반, 저장하는 곳이라서 영양 기관이라고 불러. 이 영양 기관을 이용해 식물의 수를 늘리는 걸 영양 생식이라고 해."

왕수재가 팔짱을 끼며 말했다.

"근데 식물 스스로 하는 생식이 아니라 사람이 해 주는 생식 방법이네요."

"맞아. 그런데 그거 알아? 스스로 영양 생식을 하는 식물도 있어."

"헉, 스스로요? 어떤 식물인데요?"

"궁금하면 나를 따라와 봐. 하하!"

핵심정리

영양 생식은 식물의 영양 기관인 잎, 줄기, 뿌리를 이용해 식물의 수를 늘리는 걸 말해. 사람은 영양 생식을 이용하여 원하는 식물의 수를 늘리기도 해.

 ## 대나무는 어떻게 자손을 만들까?

용선생은 학교 뒷산의 작은 대나무 숲으로 아이들을 데려갔다. 장하다가 눈을 반짝이며 물었다.

"스스로 영양 생식을 하는 식물이 혹시 대나무인가요?"

"눈치 한번 빠른데? 자, 이제 대나무 아래 흙을 조심해서 파 보렴."

아이들은 한참 흙을 파서 대나무 뿌리를 살펴보더니 말했다.

"어라? 대나무 뿌리가 옆에 있는 다른 대나무와 연결되어 있어!"

"이것 봐. 이쪽 옆에는 뿌리에 뿔 같은 게 솟아 있어"

"그런데 뿌리에도 대나무 줄기처럼 마디가 있는데?"

호기심이 터진 아이들 곁으로 용선생이 다가와 말했다.

▲ 대나무 숲

▲ **죽순** 대나무의 새싹이야. 겉껍질을 벗기고 삶아서 음식 재료로 써.

"얘들아, 땅속에 있다고 모두 뿌리인 건 아니야."

"땅속에 있는데 뿌리가 아니면 뭐예요?"

"마디가 있는 부분은 뿌리가 아니라 줄기야. 이건 땅속에 있어서 '땅속줄기'라고 불러. 땅속줄기에서 뿔처럼 솟은 건 바로 대나무의 새싹이야. 이것을 '죽순'이라고 부르지. 죽순이 자라나면 또 다른 대나무 한 그루가 된단다."

"우아! 땅속에 있는 줄기에서 새싹이 자란다니, 엄청 신기해요!"

"그렇지? 이처럼 대나무는 땅속줄기를 이용해 스스로 영양 생식을 해."

왕수재가 용선생에게 물었다.

"그런데요, 이 대나무들이 땅 위에서 볼 때는 여러 그루인데 땅속에서는 서로 연결되어 있잖아요. 그러면 결국 한 그루인 거 아니에요? 그러니까 대나무 수가 늘어난 게 아니잖아요."

"오! 그것 참 예리한 지적이구나, 하하. 땅속에서 서로 연결되어 있긴 하지만 죽순 하나를 잘라 내어 다른 곳에 옮겨 심으면 새로운 대나무로 자랄 수 있어. 아까 말했듯이 죽순 하나가 대나무 한 그루로 자라날 수 있다는 말이지. 그러니 대나무 수가 늘어난 게 맞아."

아이들이 고개를 끄덕이자 용선생은 웃으며 일어났다.

"자, 흙을 도로 덮어 놓고 가자. 학교에 볼 게 또 있단다."

대나무는 땅속줄기를 이용해 영양 생식을 해.

영양 생식을 하는 식물들

학교로 돌아온 용선생과 아이들은 과학실 앞 화단에 다다랐다. 용선생이 아이들에게 물었다.

"이 화단에 튤립이 예쁘게 피어 있던 것 기억나니?"

허영심이 한숨을 내쉬며 말했다.

"그럼요. 이제는 다 졌지만요."

"튤립 꽃을 내년에 더 많이 피게 할 방법이 있단다."

"정말요? 어떻게요?"

"튤립 아래 흙을 조심해서 파 보렴. 흙 속에 답이 있어."

▲ 튤립 구근과 뿌리

 나선애의 과학 사전

구근 공 구(球) 뿌리 근(根). 식물에서 영양분을 저장하기 위해 잎, 줄기, 뿌리 등이 변해서 생긴 둥근 알 모양의 덩어리를 말해. 알뿌리라고도 부르지. 튤립, 수선화, 양파, 마늘 같은 식물이 구근을 만들어.

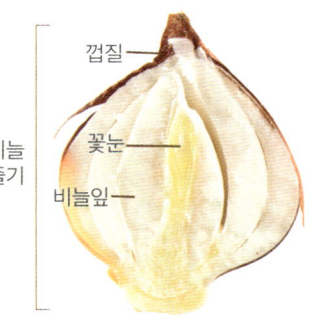

▲ **튤립 구근의 구조** 튤립 구근에는 꽃으로 자랄 꽃눈과 영양분이 저장된 비늘잎이 있어.

아이들은 조심스럽게 흙을 파서 튤립의 뿌리 부분을 살펴보더니 놀라 말했다.

"어? 이게 정말 튤립 뿌리가 맞아요?"

"꼭 마늘처럼 생겼어요. 수염도 있고요."

"그 수염처럼 생긴 것이 진짜 뿌리란다. 마늘처럼 생긴 부분은 구근이라고 해. 옛날 사람들은 식물에서 땅속에 묻혀 있는 부분을 다 뿌리라고 생각했는데, 튤립의 구근은 사실 뿌리가 아니라 잎과 줄기지."

"이게 잎과 줄기라고요?"

"자, 직접 관찰해 보자."

용선생은 구근 하나를 반으로 잘라 보였다.

"튤립 구근의 중심 부분은 줄기야. 이곳에 나중에 꽃으로 자랄 꽃눈이란 부분이 있지. 양파처럼 생긴 바깥쪽은 영양분이 저장된 비늘잎이야. 이렇게 여러 겹의 비늘잎이 줄기를 둘러싼 모양의 구근을 비늘줄기라고 불러."

"오, 꽃이 될 꽃눈이 구근 안에 있군요."

"튤립의 구근 하나가 땅속에서 자라나 꽃을 피우고 나면, 그 구근 옆에 작은 구근이 여러 개 생겨나. 튤립은 이렇게 비늘줄기인 구근으로 영양 생식을 하는 거야."

"흠, 이상하네요. 튤립 꽃이 피면 씨가 생길 텐데, 왜 구

▲ **튤립의 한살이** 땅속 구근에서 꽃눈이 자라 땅 위로 나오면 줄기와 잎이 자라고 꽃이 피어. 꽃이 진 뒤에는 구근 옆에 작은 구근이 여러 개 만들어져.

근으로 영양 생식을 하죠?"

"튤립 씨를 심어 싹이 트고 식물이 자라는 동안 땅속에서는 새로 구근이 만들어져. 그런데 새로 만들어진 구근은 작고 영양분이 부족해서 꽃눈을 만들지 못해. 그래서 꽃을 피우지 못하지."

"그럼 언제 꽃을 피울 수 있어요?"

"적어도 4년 넘게 땅 위의 줄기와 잎이 자라고 시들기를 반복해야 땅속에서 구근이 충분히 커져. 그제야 비로소 꽃눈을 만들어 꽃을 피울 수 있지."

"아, 그러면 튤립 씨를 심어도 4년 정도는 지나야 꽃이 피고 씨를 얻을 수 있겠네요."

"바로 그거야. 씨만으로는 자손을 얻는 데 시간이 오래 걸려. 그 대신 구근으로 영양 생식을 하면 튤립의 수도 빨리 늘고, 다음 해에 바로 꽃을 피워 씨를 만들 수도 있지."

나선애가 공책을 뒤적이며 용선생에게 물었다.

"식물은 영양 생식을 할 때 보통 줄기를 이용하나요? 튤립은 비늘줄기, 대나무는 땅속줄기잖아요."

"줄기 말고 뿌리나 잎을 이용하기도 해. 고구마는 뿌리를 이용해서 영양 생식을 하는 대표적인 식물이지. 우리가 먹는 고구마는 영양분이 저장된 뿌리 부분인데, 이 뿌리에서 새싹이 나서 새로운 고구마 식물로 자란단다."

"헉, 고구마가 뿌리였다니 놀랍네요."

용선생은 과학실 창가에 있는 화분을 가리켰다.

▲ 싹이 난 고구마 뿌리

▼ **만손초** 열대 지방이 원산지인 식물이야. 만손초라는 이름은 일만 개의 자손을 만드는 풀이라는 뜻으로, 이름처럼 수많은 자손을 만들지.

잎에 생긴 싹

싹에서 자란 잎과 뿌리

"이건 잎을 이용하여 영양 생식을 하는 만손초라는 식물이야."

"정말 특이하게 생겼어요."

"만손초는 잎 가장자리에 무수히 많은 싹이 생기는데, 이 싹 하나하나가 잎과 뿌리를 가진 작은 식물로 자라. 이것이 잎에서 떨어져 나가면 새로운 만손초로 자라나지."

"우아! 잎마다 자손이 무지 많이 생기겠네요!"

핵심정리

대나무와 튤립은 줄기, 고구마는 뿌리, 만손초는 잎을 이용하여 영양 생식을 해.

왜 영양 생식을 이용할까?

과학실로 들어오며 용선생이 말했다.

"여기 있는 미선나무도 씨를 심어서 꽃을 피울 정도로 키우려면 몇 년이 걸려. 그래서 사람들은 영양 생식으로 미선나무의 수를 늘리는 거란다."

용선생은 아이들을 둘러보며 가볍게 손뼉을 쳤다.

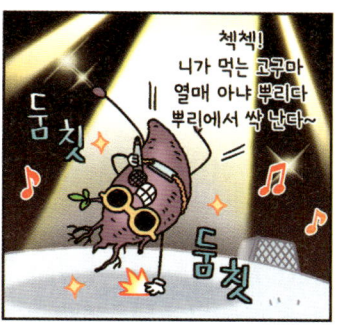

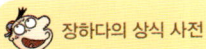

장하다의 상식 사전

원예업 과일, 채소, 화초를 키우거나 가꾸는 산업이나 직업을 말해.

"자, 여기서 퀴즈! 농업이나 원예업에서는 영양 생식을 많이 이용해. 왜 그럴까?"

왕수재가 재빨리 손을 들고 답했다.

"식물 수를 쉽고 빠르게 늘릴 수 있으니까 그렇죠. 그럼 빨리 키워서 꽃이나 열매를 많이 얻을 수 있을 테니까요."

"맞았어! 그런데 그것만큼이나 중요한 점이 또 있어. 영양 생식은 식물의 몸 일부를 떼어 내어 새로운 식물로 만드는 거라서, 새로 생긴 식물의 특성이 원래 식물의 특성과 완전히 똑같아."

"그게 무슨 말이에요?"

▲ 영양 생식　　　　▲ 씨를 만드는 생식

"예를 들어 맛있는 과일이 열리는 나무를 영양 생식으로 늘리면 새로 생긴 나무에서도 똑같이 맛있는 과일이 열려. 농업과 원예업에서는 바로 이러한 장점 때문에 영양 생식을 이용하는 거야."

"이야, 그럼 모든 식물이 영양 생식을 하면 좋겠네요!"

"하지만 장점이 단점이 될 수도 있어. 지난 시간에 배운 걸 떠올려 보렴. 자연에서는 대부분의 식물이 씨를 만드는 생식으로 다양한 특성을 가진 자손을 얻는다고 했지? 하지만 영양 생식으로 늘어난 식물은 부모와 자식이 똑같아서 다양한 특성을 가지지 못해. 그래서 환경이 나빠졌을 때 적응하지 못하고 모두 죽을 수 있지."

"자손이 빨리 늘어난다고 좋기만 한 건 아니군요."

곽두기가 미선나무 꺾꽂이 화분을 만지작대며 말했다.

"선생님, 저도 미선나무 키워 보고 싶어요."

"저는 만손초 키우고 싶어요!"

"그래, 나눠 줄 테니 가져가서 열심히 키워 보렴."

핵심정리

영양 생식을 이용하면 자손의 수를 빠르게 늘리고 부모 식물과 똑같은 특성을 가진 자손을 만들 수 있어. 대신 다양한 특성을 가지지 못해서, 환경이 나빠졌을 때 적응하지 못하고 모두 죽을 위험도 있지.

나선애의 정리노트

1. 영양 생식
① 식물의 ⓐ [ ] 기관인 잎, 줄기, 뿌리를 이용해 자손을 만드는 방법

② 대표적인 식물

줄기를 이용	뿌리를 이용	잎을 이용
대나무, 튤립	ⓑ [ ]	만손초

③ 사람이 식물의 영양 생식을 이용하는 방법

ⓒ [ ]   휘묻이   포기 나누기

2. 영양 생식을 이용하는 까닭
① ⓓ [ ] 의 수를 빠르게 늘릴 수 있음.
② 부모와 ⓔ [ ] 이 같은 자손을 만들 수 있음.

정답 ⓐ 영양 ⓑ 고구마 ⓒ 꺾꽂이 ⓓ 자손 ⓔ 특징

 # 과학퀴즈 달인을 찾아라!

●정답은 131쪽에

01

친구들이 이번 시간에 배운 내용에 대해 이야기하고 있어. 옳으면 O, 옳지 않으면 X를 표시해 줘.

① 대나무는 땅속줄기에서 죽순이 자라나. (　　)
② 튤립의 구근은 동그란 뿌리야. (　　)
③ 만손초는 잎에서 자란 싹이 새로운 만손초로 자라. (　　)

02

급식 당번인 나선애가 점심 메뉴를 쪽지로 알려 줬어. ☐안에 들어갈 말을 이어 쓰면 알 수 있대. 오늘의 메뉴는 과연 무엇일까?

- 잎, 줄기, 뿌리를 이용해 새로운 자손을 만드는 것을 영양☐식이라고 해.
- 미☐나무는 지구에 단 한 종류밖에 없는 희귀한 식물이야.
- 튤립의 꽃눈은 ☐근에서 만들어져.
- 줄기나 잎을 흙에 꽂아서 새로운 식물을 만드는 것을 꺾꽂☐라고 해.

👍 알았다! 오늘의 메뉴는 ☐☐☐☐ 야!

| 용선생의 과학 카페 | 용선생의 한국사 카페 | 용선생의 세계사 카페 | |

https://cafe.naver.com/yongyong

용선생의 과학 카페

과학계의 핵인싸,
용선생의 과학 카페에
오신 걸 환영합니다.

Log in

MENU

물리면 아프다
화학이 화하하
생물 오징어
지구는 둥글다

씨 없이 자손을 만드는 또 다른 방법, 포자!

이끼나 고사리는 식물이지만 꽃을 피우지도 않고, 씨를 만들지도 않아. 이런 식물은 어떻게 자손을 남길까?

이끼나 고사리는 홀씨라고도 불리는 포자를 퍼뜨려서 자손을 남겨. 포자는 포자낭이라는 주머니에서 만들어지지. 포자는 물과 영양분이 충분하고, 온도가 적당한 곳에 닿으면 자리를 잡고 싹을 틔워. 그리고 새로운 이끼나 고사리로 자라난단다.

솔이끼에서 갈색 포자낭이 솟아올라.

우산이끼의 우산 모양 아래에 포자낭이 달려있어.

고사리는 잎 뒷면에 포자낭을 가득 달고 있어.

근데 알아 둘 게 있어. 포자를 홀씨라고 부른다고 해서 씨라고 생각하면 안 돼. 홀씨와 씨는 자라서 식물이 된다는 점은 같지만, 씨는 꽃가루와 밑씨가 수정되어 만들어진 거고 홀씨는 수정 없이 만들어진 거야. 홀씨라는 이름은 홀로 생식을 한다고 해서 붙은 이름이거든.

그러면 이끼나 고사리가 만드는 포자는 어떤 장점이 있을까? 포자는 크기가 매우 작고 가벼워서 바람이나 물에 의해 멀리 퍼져 나갈 수 있어. 또 두껍고 단단한 벽으로 싸여 있어서 살아남기 어려운 환경에서도 오래 견딜 수 있단다.

- 장하다의 오답을 피하는 방법
- 나선애의 야무진 실험실
- 왕수재의 아는 척 과학교실
- 허영심의 별 헤는 밤
- 곽두기의 빅뱅 따라잡기

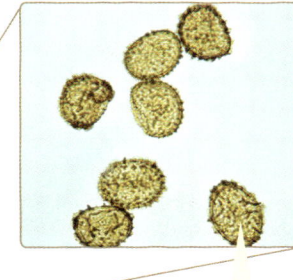

이끼의 포자를 현미경으로 크게 본 모습이야.

이끼의 포자낭이 터져서 포자가 퍼지고 있어.

COMMENTS

 고사리 나물을 먹다 입안에서 포자낭이 터지면 어떡해요?

 입안에서 폭죽 터지는 기분일 거 같애!

 하하! 우리가 먹는 건 포자낭이 없는 어린 고사리라고.

5교시 | 곤충의 생식

곤충은 어떻게 자손을 남길까?

나방에겐 미안하지만 애벌레들을 다 없애야겠어!

나방 애벌레가 잎을 먹어 치우고 있어! 저러다 식물이 죽겠어!

허영심과 나선애가 화단 앞에서 무언가 골똘히 바라보고 있었다. 용선생이 다가가 물었다.

"뭘 그렇게 보니? 화단에 뭐 재미있는 거라도 있니?"

"선생님! 애벌레들이 잎사귀를 갉아 먹어요! 그것도 엄청나게 먹는다고요!"

"이대로 두면 화단이 엉망이 될 것 같아요. 애벌레들을 싹 없애 버려야겠어요!"

용선생이 잎사귀에 붙은 애벌레들을 찬찬히 살펴보더니 말했다.

"나방의 애벌레구나. 나방 같은 곤충은 완전히 없애기가 힘들어. 아무리 없애도 몇 마리만 살아남으면 금세 원래대로 수가 늘어나거든."

"아니, 어떻게요? 무슨 비결이라도 있나요?"

곤충이 자손을 남기는 비결은?

용선생은 아이들과 함께 과학실로 들어오며 말했다.

"일단 곤충은 알을 아주 많이 낳아. 밤에 흔히 보이는 나방은 암컷 한 마리가 사는 동안 알을 수백 개씩 낳지."

"알을 그렇게 많이 낳는다고요?"

"그래. 아주 많지? 하지만 이 정도로는 알을 많이 낳는 곤충 축에도 못 껴. 호주박쥐나방 암컷은 죽을 때까지 무려 29,000개 이상 알을 낳거든. 또 여왕개미는 일생 동안 수십만, 수백만 개의 알을 낳는단다."

"어휴! 한 마리가 그렇게 많은 알을 낳고 그 알에서 나온 곤충들이 또 그만큼의 알을 낳는다면, 정말 이 세상은 곤충으로 가득 찰 거 같아요."

허영심이 진저리를 치며 말하자 왕수재가 대꾸했다.

"설마 그렇겠냐? 곤충을 잡아먹고 사는 동물이 얼마나 많은데 전부 다 살아남을 리가 없지."

"수재 말이 맞아. 수많은 곤충이 알에서 깨기 전이나 알을 깨고 나와 자라는 동안 다른 동물에게 잡아먹혀. 또, 먹이를 구하지 못해 죽는 경우도 많지. 어떻게 보면 곤충은

▲ **호주박쥐나방** 한쪽 날개 길이만 6~8cm에 이르는 거대한 나방이야.

이렇게 많이 낳아도 살아남는 건 한두 마리뿐….

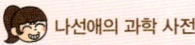

나선애의 과학 사전

어른벌레 다 자라 어른이 된 곤충을 말해. 성충이라고도 불러.

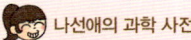

나선애의 과학 사전

부화 곤충을 비롯한 동물의 알에서 애벌레나 새끼가 껍데기를 깨고 나오는 걸 말해.

알을 많이 낳는 덕에 그중 몇몇이라도 살아남아 어른벌레가 되는 거야. 그러니 이 세상이 곤충으로 가득 찰 염려는 안 해도 된단다."

"어휴, 그렇다면 다행이네요."

"자, 곤충의 새끼는 어떻게든 살아남아서 어른벌레가 되어야 해. 그래야 자손을 남겨 대대로 살아남을 수 있지. 이때 곤충이 탈바꿈을 하며 사는 게 살아남기 유리하단다."

"탈바꿈이 뭐예요?"

"곤충이 자라면서 생김새를 바꾸는 걸 말해. 알이 부화하여 애벌레가 되고, 애벌레는 번데기가 되고, 번데기는 마침내 어른벌레가 되는 것 말이야."

나선애가 고개를 끄덕이며 말했다.

"다른 동물은 대부분 자라면서 몸의 크기가 커지는 정도인데, 곤충은 아예 생김새가 달라지네요."

"맞아. 너희들 과학 시간에 배추흰나비의 한살이를 관찰한 적 있지? 배추흰나비 애벌레와 어른벌레가 뭘 먹고 사는지, 어디에 사는지 기억나니?"

"애벌레는 배춧잎을 갉아 먹고, 어른벌레인 나비는 꽃의 꿀을 먹는 것 같았는데……."

"맞아요! 배추흰나비 애벌레는 주로 배추밭에 살

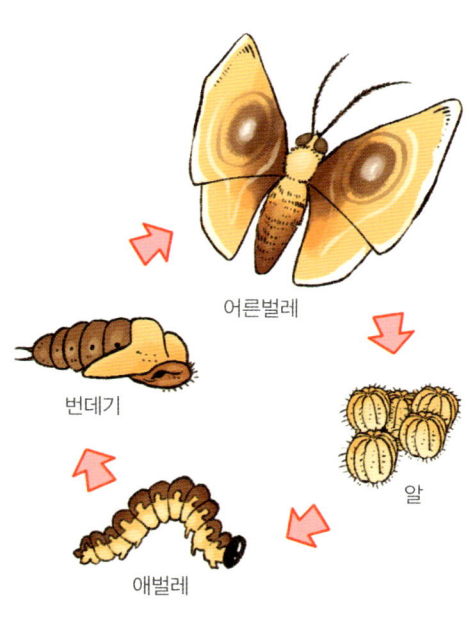

▲ 탈바꿈을 하는 나방의 한살이

▲ **배추흰나비 애벌레와 어른벌레** 애벌레는 잎을 갉아 먹고, 어른벌레는 꽃의 꿀을 먹어.

고, 나비는 주로 꽃밭에 살아요."

"그래, 같은 배추흰나비라도 애벌레하고 어른벌레는 먹이나 사는 곳이 서로 달라. 곤충은 이렇게 탈바꿈을 하면서 먹이와 사는 곳을 바꾼단다."

"근데요, 탈바꿈이랑 살아남는 거랑 무슨 상관이 있는데요?"

"잘 생각해 봐. 곤충은 다른 동물들보다 짧게 살아. 고작 며칠에서 길어야 몇 달 정도 살지. 그러다 보니 그 기간 안에 어떻게든 살아남아 자손을 남겨야 하는데, 자기들끼리 경쟁을 하게 되면 불리하잖아. 만약 애벌레와 어른벌레가 먹이 경쟁을 한다면 애벌레가 살아남을 수 있겠니?"

"아하! 그래서 먹이와 사는 곳이 다른 게 유리하군요!"

"그래. 짧은 일생 동안 곤충은 탈바꿈을 해 가며 자기들끼리 경쟁하는 걸 피해. 그렇게 해서 많이 살아남아야 많은 자손을 남길 수 있으니 말이야."

곤충은 알을 아주 많이 낳고, 탈바꿈을 하여 자라면서 애벌레와 어른벌레 사이의 경쟁을 피해. 이러한 방법으로 살아남아 자손을 퍼뜨리지.

 특이한 방법을 택한 곤충

"자기들끼리 경쟁하는 건 피할 수 있어도, 서로 다른 곤충끼리는 여전히 경쟁해야 하지 않나요?"

"좋은 질문이야. 다른 곤충과 경쟁하지 않으려고 그들과 다른 곳에 살고, 다른 것을 먹는 독특한 경우도 있어. 내가 아주 별난 곳에 사는 곤충을 하나 보여 주지."

용선생이 화면에 사진을 띄우자 허영심이 눈을 가리며 비명을 질렀다.

"꺄악! 선생님, 너무 징그러워요!"

"괜찮아. 이 곤충에 대해 잘 알게 되면 징그럽기보다는

고치벌이 나비 애벌레 몸속에 알을 낳고 있어.

부화한 고치벌 애벌레가 나비 애벌레 몸을 먹고 자라다가 나비 애벌레를 뚫고 나와.

고치벌 애벌레는 나비 애벌레의 몸 겉면에 고치를 만들고 번데기가 돼.

▲ 고치벌의 한살이

"신기하게 느껴질걸? 이 곤충은 고치벌이라고 해. 크기가 1~3mm 정도인 아주 작은 벌이야. 고치벌은 나비 애벌레 몸속에 알을 낳아."

아이들은 눈을 찌푸리며 말했다.

"다른 애벌레 몸속에 알을 낳는다고요? 정말 무서운 녀석이네요."

"그럼 나비 애벌레는 죽어요?"

"얼마 동안은 살아 있겠지만 결국에는 죽지. 고치벌 애벌레는 나비 애벌레 몸속에서 부화해서, 그 속에서 영양분을 빼앗아 먹으며 기생하거든."

"어, 고치벌 애벌레는 계속 나비 애벌레 몸속에 사는 거

> **나선애의 과학 사전**
>
> **기생** 함께 사는 두 생물 중 한쪽은 이익을 얻고 다른 한쪽은 피해를 입는 생활 형태를 말해. 피해를 입는 생물은 숙주라고 불러.

예요?"

"아니, 번데기 시기가 되면 나비 애벌레 몸을 뚫고 밖으로 나오지."

왕수재가 고개를 끄덕이며 말했다.

"그러니까 나비 애벌레의 몸은 고치벌 애벌레가 사는 곳이면서 고치벌 애벌레의 먹이라는 거네요."

"그렇지. 게다가 애벌레 몸속에 알을 낳으면 사방이 트인 잎사귀에 알을 낳을 때보다 다른 동물에게 먹힐 가능성이 줄어들지 않겠니?"

"하긴, 나비 애벌레 몸속이 고치벌 애벌레 집이나 마찬가지니까요."

"자, 이게 바로 고치벌이 살아남는 비법이야. 고치벌은 짧은 일생 동안 알을 40~100개밖에 안 낳지만, 자손을 퍼뜨리며 잘 살아남고 있지."

허영심이 고개를 절레절레 흔들며 말했다.

"아휴, 징그럽긴 하지만 기발한 방법이네요."

 핵심정리

고치벌은 나비 애벌레 몸속에 알을 낳고 기생하며 어른벌레로 자라 자손을 퍼뜨려.

 ## 새끼를 낳는 곤충이 있다고?

용 선생이 들뜬 목소리로 말했다.

"그런데 고치벌보다 알을 더 적게 낳고 더 안전한 곳에서 부화시키는 곤충이 있단다."

"정말요? 다른 애벌레의 몸속보다 더 안전한 곳이 대체 어딘데요?"

"하하, 놀라지 마! 아프리카에 사는 체체파리는 어미의 몸속에서 알을 부화시켜. 어미 체체파리는 알 대신 부화한 애벌레를 몸 밖으로 내보내지."

"그러면 체체파리는 알을 낳는 게 아니라 새끼를 낳는 거예요?"

▲ **체체파리** 아프리카에 사는 파리로 동물의 피를 빨아먹고 살아. 체체파리에게 피를 빨린 동물은 계속 잠이 오는 병에 걸려 결국 죽게 돼.

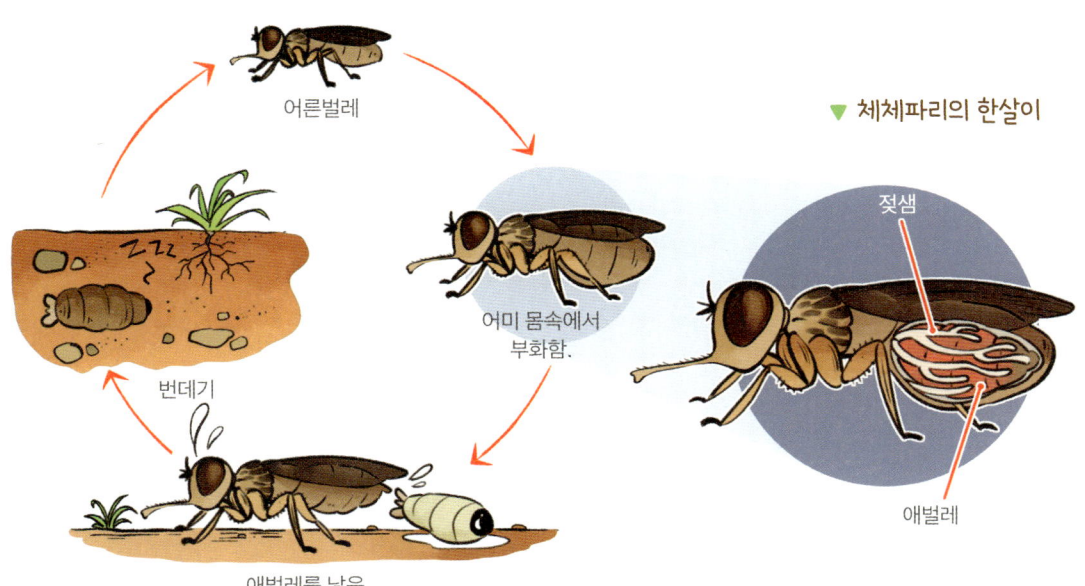

▼ 체체파리의 한살이

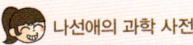

나선애의 과학 사전

젖샘 어미의 몸에서 새끼에게 먹이는 영양분이 나오는 기관을 말해.

아이들은 놀라서 눈이 휘둥그레졌다.

"그래. 체체파리 암컷은 몸속에서 알 한 개를 부화시켜. 부화한 애벌레는 어미의 젖샘에서 나오는 영양분을 먹고 자라지. 그러다 번데기 시기가 되면 어미 몸에서 나와 곧장 땅을 파고 들어가. 그리고 땅속에서 번데기가 되지. 그래서 자라는 도중에 다른 동물에게 잡아먹히지 않고 어른 벌레가 될 수 있는 거야."

"대박! 곤충이 애벌레를 낳는다니!"

장하다가 박수를 치며 놀라워하자 나선애가 이에 질세라 용선생에게 물었다.

"그러면 체체파리는 애벌레를 모두 몇 마리나 낳아요?

다른 곤충들보다 훨씬 적게 낳을 것 같은데요?"

"체체파리 암컷은 두 달에서 네 달 정도 사는데, 그동안 애벌레를 6~12마리밖에 안 낳는단다."

"오호, 정말 고치벌보다도 훨씬 적게 낳네요."

"그래. 하지만 살아남아 어른벌레가 되는 수는 알을 많이 낳고 바로 떠나는 다른 곤충들과 비슷하지."

그러자 곽두기가 허영심의 팔을 잡아당기며 말했다.

"누나, 아무래도 빨리 가서 화단에 있는 애벌레들을 없애야겠어."

"그러게. 이렇게 자손을 잘 퍼뜨리는데 나중에 얼마나 불어날지 어떻게 알아?"

왕수재가 팔짱을 끼며 말했다.

"아까 배운 거 그새 까먹었어? 너희가 안 잡아도 곤충을 잡아먹는 동물들이 알아서 없애 줄 거라고."

"어, 그런가? 쩝……."

핵심정리

체체파리는 어미의 몸속에서 알을 부화시켜 애벌레를 낳아 자손을 퍼뜨려.

나선애의 정리노트

1. 곤충의 생식
① ⓐ _____ 을 매우 많이 낳음.
② 자라는 동안 ⓑ _____ 을 하며 사는 곳과 먹이를 달리하여 애벌레와 어른벌레 사이의 ⓒ _____ 을 피함.

2. 곤충의 특이한 생식 방법
① 고치벌: 나비 애벌레 몸속에 알을 낳고 ⓓ _____ 함.

② 체체파리: 암컷이 ⓔ _____ 에서 알을 부화시켜 애벌레를 낳음.

ⓐ 알 ⓑ 탈바꿈 ⓒ 경쟁 ⓓ 기생 ⓔ 몸속

 # 과학퀴즈 달인을 찾아라!

●정답은 131쪽에

01

친구들이 이번 시간에 배운 내용에 대해 이야기하고 있어. 옳으면 O, 옳지 않으면 X를 표시해 줘.

① 대부분의 곤충은 알을 많이 낳아. (   )
② 고치벌은 나비 애벌레 몸속에 알을 낳아서 부화시켜. (   )
③ 체체파리 암컷은 수만 개의 알을 낳아. (   )

02

아래 힌트를 보고 네모칸에서 곤충에 대한 단어 세 개를 찾아서 동그라미 표시해 봐. 정답은 가로, 세로, 대각선으로 찾으면 돼.

힌트

① 알을 깨고 나와.

② 아직 번데기가 되기 전이야.

③ 곤충은 생김새를 바꾸며 살아.

부	기	재	애
화	도	벌	기
모	레	빨	대
해	탈	바	꿈

6교시 | 체외 수정과 체내 수정

두꺼비 알과 거북 알은 뭐가 다르지?

물속에 이상한 게 있어요.

두꺼비 알이로구나.

　용선생과 아이들은 학교 뒷산에 있는 개울가로 현장 학습을 갔다.
　"선생님, 여기 물속에 있는 게 뭐예요? 꼭 알 같이 생겼는데……."
　곽두기가 묻자 용선생이 빙그레 웃으며 말했다.
　"두기가 두꺼비 알을 찾았구나."
"두꺼비 알이요? 두꺼비가 물속에 알을 낳아요?"

 ### 두꺼비는 왜 물에 알을 낳을까?

"그래. 두꺼비도 개구리처럼 봄이면 물가에 알을 낳아."
　그러자 곽두기가 신기하다는 표정으로 말했다.
"두꺼비는 개구리랑 비슷하게 생겼는데 알은 좀 다르게

생겼네요."

"알 모양은 비슷한데, 알들이 모여 있는 모습이 다르지. 두꺼비 알은 투명하고 기다란 관에 줄줄이 들어 있고, 개구리 알은 덩어리로 모여 있어."

▲ 두꺼비(왼쪽)와 두꺼비 알(오른쪽)

▲ 개구리(왼쪽)와 개구리 알(오른쪽)

"어쨌거나 물속에 있는 건 똑같은 거 아니에요?"

왕수재가 어깨를 으쓱이며 말하자 용선생이 웃으며 대답했다.

"맞아. 그렇다면 두꺼비나 개구리는 왜 물에 알을 낳는

나선애의 과학 사전

알 암컷 몸에서 생식을 위해 만들어지는 세포를 말해. 난자라고도 해.

정자 수컷 몸에서 생식을 위해 만들어지는 세포를 말해.

"지 아니?"

"물에서 사니까 물에 알을 낳겠죠."

"하하, 그렇긴 하지. 하지만 더 중요한 까닭은 생식을 할 때 물이 꼭 필요해서란다."

"생식을 할 때요?"

"그래. 정확히 말하면, 두꺼비 암컷의 알과 수컷의 정자가 만나 수정하기 위해선 물이 꼭 필요하지."

▼ **두꺼비의 생식** 수컷 두꺼비가 암컷이 알을 잘 낳게 돕고 있어. 물속에서 암컷의 알과 수컷의 정자가 만나 수정이 돼.

용선생은 스마트폰으로 두꺼비가 생식하는 모습을 검색해 아이들에게 보여 주었다.

"식물은 밑씨와 꽃가루가 만나 수정이 일어나지? 동물은 알과 정자가 만나 수정이 일어나. 그런데 두꺼비의 알과 정자는 물이 있어야만 활동할 수 있어. 그래서 두꺼비 암컷과 수컷은 물속에 알과 정자를 내보내어 만나게 하는 체외 수정을 한단다."

"체외 수정이요?"

"체외 수정은 몸 바깥에서 수정이 이루어진다는 뜻이야. 두꺼비뿐 아니라 개구리도 알과 정자가 몸 밖으로 나와 물속에서 수정이 이루어져. 사실 암컷이 낳은 알과 막 수정된 알은 보기에 큰 차이가 없단다. 지금 너희가 보는 게 바로 수정된 알이지."

"와, 두꺼비 알이 이렇게 만들어진다니."

"이처럼 물에 알을 낳는 동물들은 체외 수정을 한단다."

"물속에 사는 물고기는요?"

"물에 알을 낳는 물고기도 체외 수정을 하지."

핵심정리

물에 알을 낳는 동물은 물속에서 알과 정자가 만나 수정이 이루어져. 이것을 체외 수정이라고 해.

 두꺼비 알의 특징은?

곽두기가 두꺼비 알을 뚫어져라 바라보며 말했다.

"그런데 어떻게 이 알이 나중에 두꺼비가 되나요?"

"궁금하지? 설명해 줄게. 먼저 알을 둘러싸고 있는 투명한 부분은 너희가 간식으로 먹는 젤리처럼 말랑말랑해. 그래서 이 부분을 젤리층이라고 불러. 젤리층 안에 있는 검은 덩어리가 나중에 두꺼비가 될 부분이야."

용선생은 스마트폰으로 두꺼비 알과 개구리 알의 구조를 검색하여 아이들에게 보여 주었다.

"두꺼비 알을 자세히 보면 이런 구조란다. 알 속의 검은 덩어리는 배와 난황으로 이루어져 있지."

나선애의 과학 사전

배 알과 정자가 수정되어 생물로 자라날 부분을 말해.

난황 알에서 흰자에 둘러싸인 둥근 노른자를 말해. 달걀의 난황은 노란색이지만 노란색이 아닌 난황도 있어.

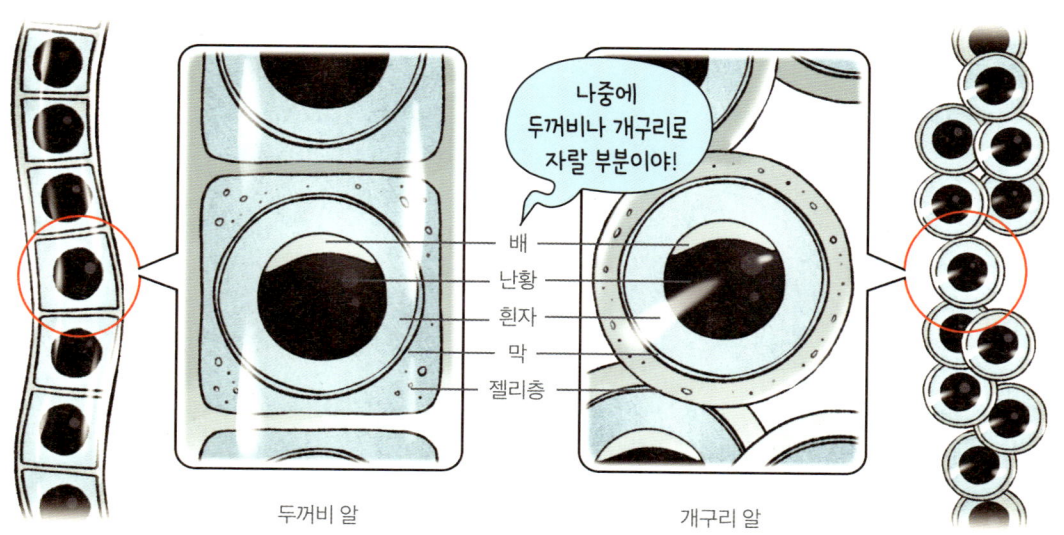

▲ **물속에 낳은 알의 구조** 배와 난황은 흰자에 잠겨 얇은 막으로 둘러싸여 있고, 그 바깥 부분을 젤리층이 감싸고 있어.

"배가 뭐예요? 밥 먹으면 볼록 나오는 이런 배요?"

장하다가 자신의 배를 쓰다듬으며 물었다.

"하하, 배는 알에서 생물의 몸으로 자라날 부분을 말해. 난황은 배가 자라는 데 필요한 영양분이 있는 부분이지."

"아, 이 배가 아니었군요."

장하다가 자기 배를 만지며 뒷머리를 긁적이자 용선생이 웃으며 계속 말했다.

"시간이 지나면 배는 조그만 올챙이로 자라고 난황은 점점 사라져. 올챙이는 젤리층을 먹으며 조금씩 커지다가 알을 찢고 나와. 그리고 물속을 헤엄쳐 다니며 두꺼비로 자라나지."

"알 속에서 올챙이가 되어 태어나는군요. 그런데 어째서 알들이 흩어지지 않고 기다랗게 줄을 이루고 있어요?"

"알 바깥 부분의 젤리층끼리 달라붙어서 모여 있는 거야. 그럼 알들이 물에 잘 떠내려가지 않거든. 게다가 많은 수의 알이 한곳에 모여 있으면 온도가 비교적 일정하게 유지돼. 그럼 올챙이가 더 빨리 부화할 수 있어."

그러자 왕수재가 안경을 치켜올리며 말했다.

이 배 말인가?

나선애의 과학 사전

올챙이 개구리나 두꺼비의 알에서 깨어난 어린 새끼를 말해. 올챙이는 물에서 살고 아가미로 숨을 쉬지. 올챙이는 자라면서 다리가 생기고 꼬리가 없어지는 탈바꿈을 거치며 다 자란 모습으로 변해.

▶ 두꺼비의 한살이

"알에 영양분도 있고 안전하게 모여 있으면 어미가 돌볼 필요가 없겠네요."

"어? 곤충도 어미가 알을 낳고 떠나는데……."

"오! 다들 기억력이 정말 대단한데? 맞아. 두꺼비나 개구리는 알을 한 번에 600개에서 3만 개까지 아주 많이 낳지. 하지만 어미가 돌보지는 않아. 그래서 대부분 알이나 올챙이 때 다른 동물에게 잡아먹히고 몇몇만 살아남아 두꺼비나 개구리가 된단다."

▲ 올챙이를 잡아먹는 왜가리

체외 수정이 이루어진 알은 배, 난황, 젤리층으로 이루어져 있어. 물에 알을 낳는 동물은 알을 아주 많이 낳고, 어미가 알을 돌보지 않아.

 **거북은 어떻게 알을 만들까?**

용선생과 아이들은 그늘에 자리를 펴고 앉았다.

"두꺼비나 개구리처럼 물에서도 살고 땅에서도 사는 동물이 또 뭐가 있을까?"

장하다가 손을 번쩍 들고 말했다.

"저 알아요! 거북이요! 선생님, 그러면 거북이도 물속에 알을 낳아요?"

그러자 허영심이 당연하다는 듯이 말했다.

"물가에 사니까 두꺼비처럼 물에 알을 낳겠지."

"아닌데. 내가 텔레비전에서 봤는데 바다거북은 바닷가 모래밭에 알을 낳던데……."

용선생은 곽두기의 머리를 쓰다듬으며 말했다.

"두기가 제대로 봤어. 거북이, 정확히 말해 거북은 바다나 강 근처에 땅을 파고 알을 낳아."

나선애가 궁금한 표정을 지으며 물었다.

"흠, 땅에 알을 낳으면 알과 정자가 어떻게 만나 수정해요? 물이 없잖아요."

"물이 없는 환경에서는 체외 수정을 할 수 없어. 대신 거북은 체내 수정을 한단다. 체내 수정은 몸 안에서 수정이 이루어진다는 뜻이야. 알이 있는 암컷의 몸속에 수컷이 정자를 넣어서 수정시키는 방법이지."

"암컷 몸속에 정자를 넣는다고요? 어떻게요?"

▲ 땅에 낳은 거북의 알

"암컷과 수컷이 만나 짝짓기를 할 때 수컷은 자신의 생식 기관을 암컷의 생식 기관 안으로 넣고 정자를 내보내. 그러면 정자가 암컷 몸속에 있는 알을 만나 수정이 이루어지지. 다시 말해 암컷의 몸속에 수정된 알이 만들어지는 거야. 그럼 암컷은 강가나 바닷가에 땅을 파고 구덩이 속에 수정된 알을 낳아."

용선생은 아이들을 둘러보며 말을 이었다.

"거북 말고도 땅에 알을 낳는 동물은 모두 체내 수정을 한단다."

"어, 그럼 닭이나 오리 같은 새도요?"

"뱀이나 도마뱀도요?"

▼ 짝짓기하는 바다거북

바다거북의 체내 수정

"물론이야. 새뿐 아니라 뱀이나 도마뱀처럼 땅에 알을 낳는 동물은 모두 체내 수정을 한단다."

▲ 땅에 알을 낳는 동물들의 알

땅에 알을 낳는 동물은 알과 정자가 암컷의 몸속에서 만나 수정이 이루어지는 체내 수정을 해.

거북 알의 특징은?

"그런데 거북 알은 두꺼비나 개구리 알과 많이 다르네요. 낳는 곳이 달라서 그런가요?"

나선애의 말에 용선생이 고개를 끄덕였다.

"맞아. 알 낳는 곳이 달라서 알의 구조도 다르단다. 땅에 낳는 알은 겉 부분이 딱딱하고 질긴 껍데기로 되어 있어. 이 껍데기가 알 속의 배를 안전하게 보호해 줘. 또, 알 속의 물기가 마르지 않게 하면서도 공기는 통하게 해서 알 속의 배가 숨을 쉴 수 있게 해 주지. 땅에 낳는 알 중 대표적인 것이 바로 너희가 자주 먹는 달걀이란다."

용선생이 가방에서 삶은 달걀을 꺼내자 아이들이 환호했다.

"우아, 마침 배고팠는데! 선생님 최고예요!"

삶은 달걀의 껍데기를 까며 허영심이 말했다.

"알껍데기가 하는 역할이 아주 많네요."

"그렇단다. 이번엔 알 안쪽에 대해 알아볼까? 땅에 낳는 알도 물에 낳는 알과 같이 새끼로 자라날 배가 있단다. 하

▼ 땅에 낳는 알의 구조

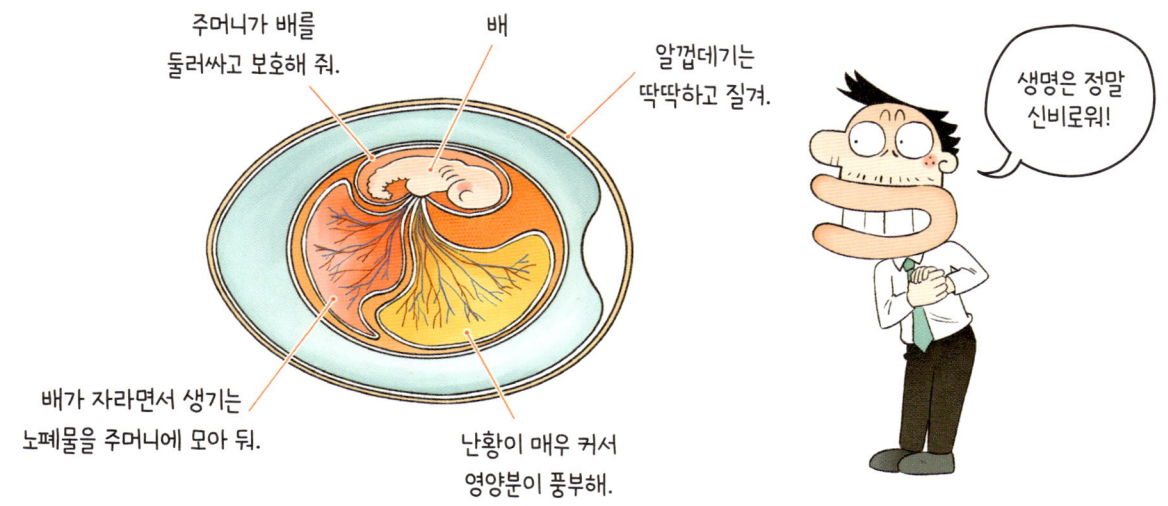

지만 결정적으로 다른 게 있어."

"뭐가 다른데요?"

"땅에 낳는 알은 난황이 아주 커서 영양분이 충분해. 또 배를 둘러싸고 보호하는 주머니와, 배가 자라는 동안 생기는 노폐물을 모아 두는 주머니가 따로 있지. 이런 알 구조 덕분에 배가 알 속에서 충분히 자란 뒤 부화할 수 있다는 게 물에 낳는 알과 다른 점이란다."

"아, 그래서 새끼 거북이 어른 거북과 꼭 닮은 거군요?"

"그렇지. 반면 두꺼비나 개구리는 일단 올챙이로 부화한 후 점차 어른으로 자라지. 이렇게 물에 알을 낳는 동물과 땅에 알을 낳는 동물의 알은 생긴 모양과 구조가 달라서 알에서 부화했을 때 새끼가 자란 정도도 다르단다."

"알 낳는 장소가 다르니 참 많은 것이 달라지네요."

"그래. 또 땅에 낳는 알은 물에 낳는 알보다 크기가 훨씬 커. 그래서 땅에 알을 낳는 동물은 물에 알을 낳는 동물과 달리 알을 한 번에 많이 낳지 않아. 바다거북 암컷은 한 번에 수십 개의 알을 낳지. 두꺼비나 개구리가 최소 600개 이상 낳는 것과 비교하면 훨씬 적지 않니?"

그러자 곽두기가 고개를 갸우뚱거리며 말했다.

"근데요, 닭은 어미가 알을 품어 주잖아요. 거북만큼 알

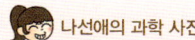

나선애의 과학 사전

노폐물 생물이 살아가는 동안 몸속에서 생기는 물질 중에서 몸에 필요 없는 찌꺼기를 말해.

▲ 알에서 부화하는 거북

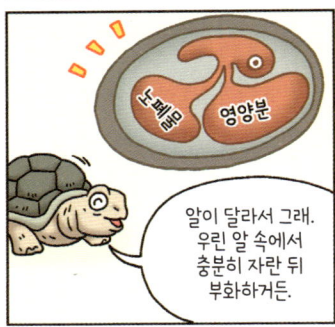

을 낳으면 도저히 다 못 품을 것 같은데요."

"오호! 두기가 잘 말해 줬어. 일단 새는 거북보다 알을 적게 낳아. 하지만 거북이 알을 낳기만 하고 따로 돌보지 않는 것과 달리, 새는 알이 부화하고 새끼가 어느 정도 자랄 때까지 어미가 직접 돌보지. 땅에 알을 낳는 동물들 사이에도 다른 점이 있는 거란다."

장하다가 발끝으로 땅을 파면서 중얼댔다.

"여기도 땅을 파 보면 거북 알이 나오려나?"

"여기가 바닷가도 아닌데 어떻게 거북 알이 나오겠냐?"

왕수재가 퉁명스럽게 대꾸하자 용선생이 말했다.

"민물에 사는 거북은 이런 개울가에 알을 낳기도 해. 하지만 초여름은 돼야 알을 낳을걸?"

▲ 알을 낳고 떠나는 거북

▲ 알과 새끼를 돌보는 새

"진짜요? 그러면 여름에 다시 와서 거북이 알 찾아요!"

"하하, 그렇게 하자."

핵심정리

땅에 낳는 알은 알 속에서 배가 완전히 자란 뒤 새끼가 부화해. 또, 물에 낳는 알에 비해 크기가 크고 어미가 한 번에 낳는 알의 수가 적어.

 용선생의 과학 현미경

바다거북의 암수는 어떻게 정해질까?

바다거북의 알은 부화하는 곳의 온도에 따라 새끼의 성별이 정해져. 알이 묻혀 있는 모래 온도가 29℃보다 높으면 암컷, 그보다 낮으면 수컷으로 부화할 가능성이 높지.

그런데 지구 온난화로 인해 바다거북이 알을 낳는 곳의 온도가 크게 올라갔어. 그러자 몇몇 종류의 바다거북은 암컷이 훨씬 많이 태어나고 수컷은 적게 태어났지. 짝짓기할 수컷이 부족해지면서 암컷들이 알을 낳는 수도 크게 줄어든 탓에 멸종할 위기에 놓인 바다거북도 있단다.

좀 더 자세히 들여다볼까?

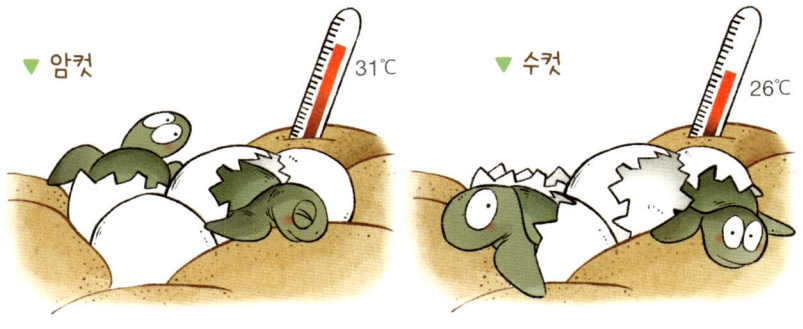

▼ 암컷 31℃ ▼ 수컷 26℃

나선애의 정리노트

1. 동물의 수정 방법

① ⓐ [　　] : 암컷과 수컷이 알과 정자를 몸 밖으로 내보내 ⓑ [　　] 에서 알과 정자가 만나 수정됨.

② ⓒ [　　] : 수컷이 직접 암컷의 몸속에 정자를 넣어 암컷 몸속에서 알과 정자가 만나 수정됨.

2. 알의 구조와 특징

	ⓓ [　　] 에 낳는 알	ⓔ [　　] 에 낳는 알
대표 동물	개구리, 두꺼비, 물고기	거북, 새, 뱀, 도마뱀
수정 방법	체외 수정	체내 수정
배의 모습	흰자와 젤리층으로 싸여 있음.	딱딱하고 질긴 껍데기 안에 주머니로 싸여 있음.
부화한 새끼의 모습	어른과 다른 모습이며 부화 후에도 탈바꿈을 하며 자람.	알 속에서 충분히 자란 후 부화하며 어른과 생김새가 비슷함.
알의 크기	작음.	큼.
알의 개수	많음.	적음.

ⓐ 체외 수정 ⓑ 물속 ⓒ 체내 수정 ⓓ 물속 ⓔ 뭍

 # 과학퀴즈 달인을 찾아라!

●정답은 131쪽에

01

친구들이 이번 시간에 배운 내용에 대해 이야기하고 있어. 옳으면 O, 옳지 않으면 X를 표시해 줘.

① 두꺼비는 한 번에 알을 많이 낳고 돌보지 않아. (   )
② 물에 알을 낳는 개구리는 체내 수정을 해. (   )
③ 거북 알은 배가 흰자와 젤리층에 둘러싸여 있어. (   )

02

두꺼비가 알을 낳으려고 해. 두꺼비 알의 특성을 잘 알아야 알을 제대로 낳을 수 있단다. 두꺼비를 위해 맞는 길을 함께 찾아봐.

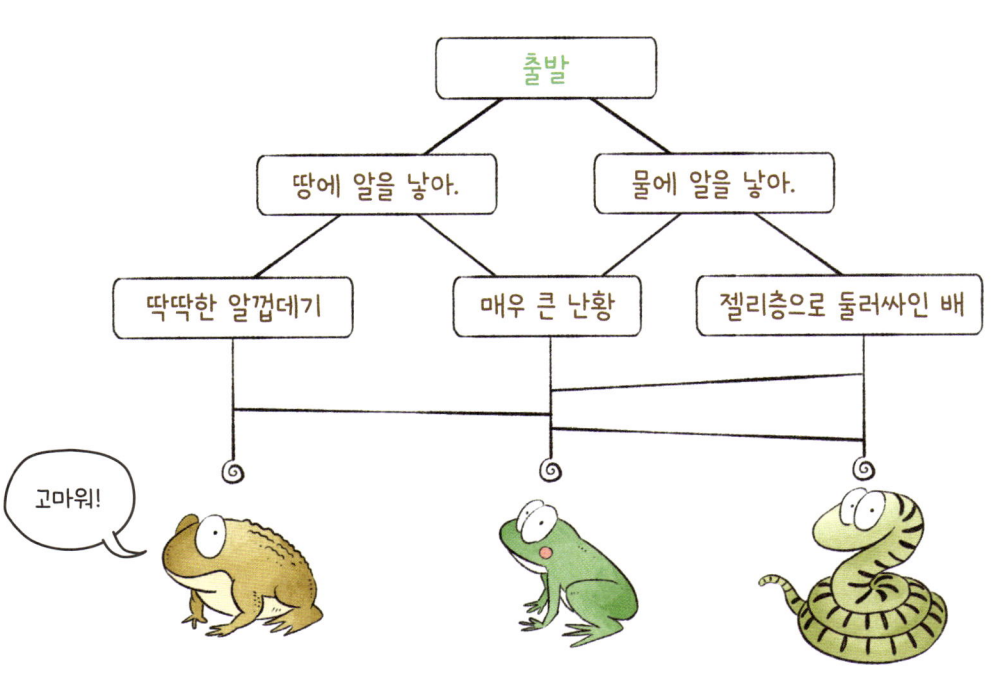

| 용선생의 과학 카페 | 용선생의 한국사 카페 | 용선생의 세계사 카페 |

 https://cafe.naver.com/yongyong

용선생의 과학 카페

과학계의 핵인싸, 용선생의 과학 카페에 오신 걸 환영합니다.

Log in

오늘은 어떤 재미난 지식을 올려 볼까?

MENU
물리면 아프다
화학이 화하하
생물 오징어
지구는 둥글다

새끼를 낳는 동물

 곤충, 두꺼비, 거북이, 새는 알을 낳는데, 개나 고양이, 사람은 왜 알이 아니라 새끼를 낳나요?

 사실 개나 고양이, 사람도 알을 만들기는 해.

 네? 뭐라고요?

 사람도 알을?

난자가 바로 알이란다. 알을 몸 밖에 낳지 않을 뿐이지. 난자는 암컷의 몸속에서 수정된 다음 계속 자라서 새끼가 돼.

 몸속에서 자라는 알은 몸밖에 낳는 알이랑 뭐가 다른데요?

 알에는 배가 자라는 데 필요한 영양분인 난황이 있던 것 기억하지? 몸속에서 자라는 알은 난황이 거의 없어. 대신 태반을 통해 어미로부터 영양분을 받아 자라지.

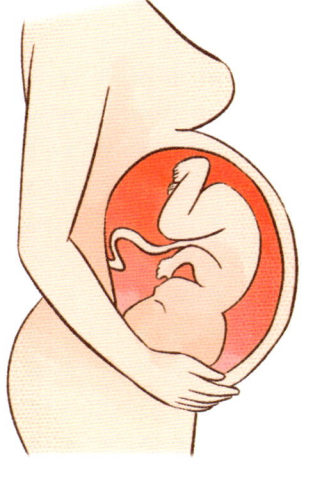 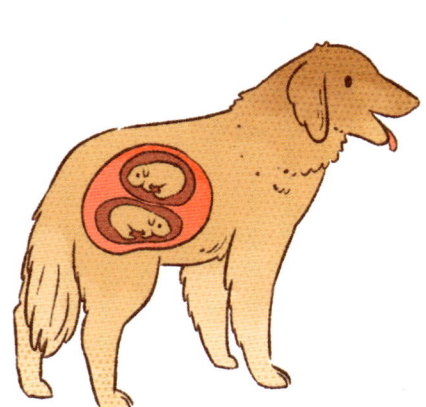

▲ 개나 사람 같은 포유류는 새끼를 낳아.

태반? 그게 뭐예요?

 새끼와 어미를 연결해 주는 부분이야. 태반을 통해 새끼는 어미로부터 영양분을 받고 노폐물을 내보내. 이때 영양분과 노폐물이 오가는 기다란 통로가 있는데, 이것이 바로 탯줄이야. 탯줄은 태반에서 나와 새끼의 배에 이어져 있지.

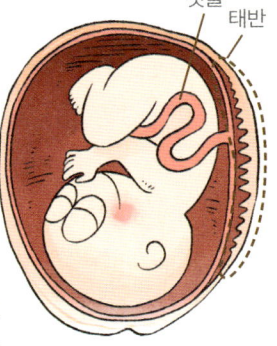
▲ 사람의 탯줄과 태반

- 장하다의 오답을 피하는 방법
- 나선애의 야무진 실험실
- 왕수재의 아는 척 과학교실
- 허영심의 별 헤는 밤
- 곽두기의 빅뱅 따라잡기

 아기가 태어나면 탯줄을 끊어 준다고 하던데, 왜 그런 거예요?

 새끼가 어미 몸 밖으로 나오면 스스로 숨을 쉴 수 있어. 또, 입으로 먹어서 영양분을 직접 얻을 수 있지. 그러니 탯줄은 필요가 없어서 끊는 거야. 자르고 남은 탯줄은 점점 말라서 결국 떨어지는데, 탯줄이 떨어져 나간 흔적이 바로 배꼽이란다.

▲ 배꼽에 탯줄이 남아 있는 아기

배꼽이 엄마와 내가 이어져 있던 흔적이라니! 정말 신기해요!

COMMENTS

 우리 집 강아지 배꼽 보러 올 사람!
　└ 나도 보러 갈래!
　└ 나도, 나도!

7교시 | 유성 생식과 무성 생식

수정하지 않고 자손을 만들려면?

으악! 괴물이다! 도망가자!

괴물이 아니라 우리 몸속에도 있는 대장균이야.

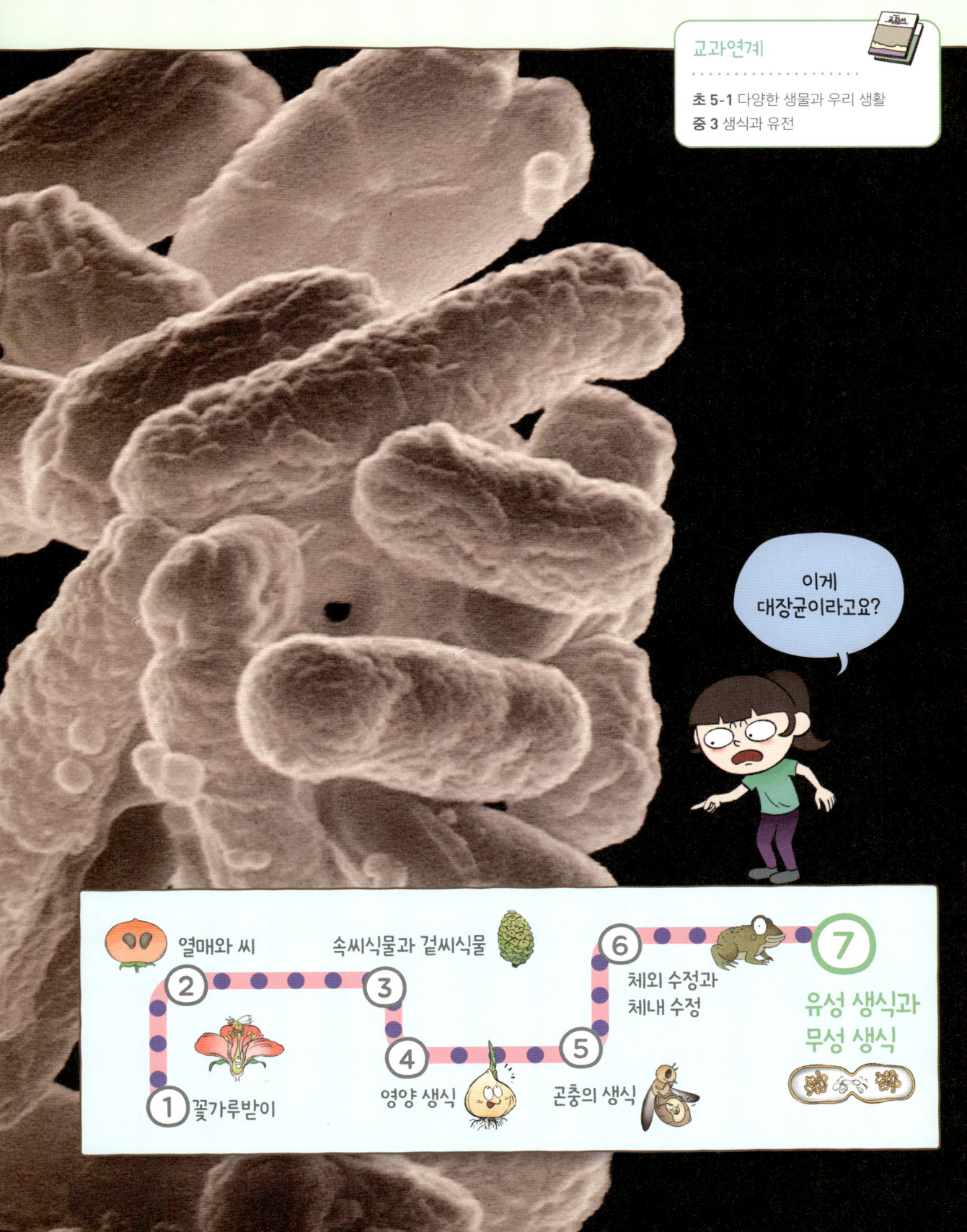

"너희 뭐 먹어? 나도 같이 먹자."

장하다가 간식을 집으려고 하자 허영심이 막아 세웠다.

"너 운동장에서 놀다 왔지? 그럼 손 닦고 와서 먹어."

"에이, 뭐 어때. 그냥 먹을래."

"안 돼! 손 더럽다고."

"그냥 좀 먹자!"

그때 용선생이 슬그머니 다가와 말했다.

"그러면 네 손에 묻은 세균도 같이 먹게 될 텐데?"

"조금 먹는다고 큰일이야 나겠어요?"

"몸속에 들어간 세균은 단 몇 시간 만에 수십만 배로 늘어날 수 있는데도 괜찮겠니?"

"으악! 그게 정말이에요?"

 ## 대장균은 어떻게 빨리 늘어날까?

"세균 중에서도 대장균은 자신이 살기에 적당한 환경에서 6~7시간 만에 수를 백만 배 이상 늘릴 수 있어. 대장균이 이렇게 빨리 늘어나는 방법에 대해 알려면 먼저 생김새를 살펴보는 게 도움이 될 거야."

용선생은 화면에 사진을 띄웠다.

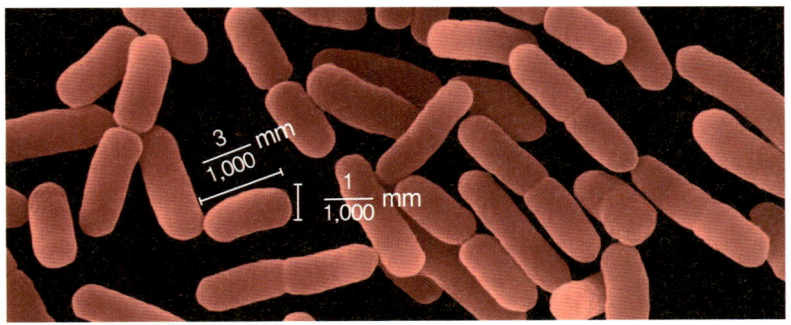

▲ 전자 현미경으로 관찰한 대장균

"어? 무지 단순한 모양이에요."

"그렇지. 대장균은 세포 하나로 이루어진 생물이야. 길이가 짧고 끝이 둥근 막대기처럼 생겼는데, 크기는 $\frac{3}{1,000}$ mm 정도로 아주 작아."

"근데 어떤 건 두 개가 붙어 있는 것처럼 보여요."

"오, 예리한데? 아주 잘 봤어. 그 대장균은 지금 자손을

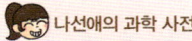 **나선애의 과학 사전**

대장균 대장이나 소장 속에 살고 있는 세균의 한 종류야. 보통 장속에서는 괜찮지만 몸속 다른 곳에서는 병을 일으킬 수 있어.

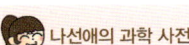 **나선애의 과학 사전**

세포 생물을 이루는 기본 단위야. 세포 하나로 이루어진 생물도 있고, 여러 개의 세포로 이루어진 생물도 있어.

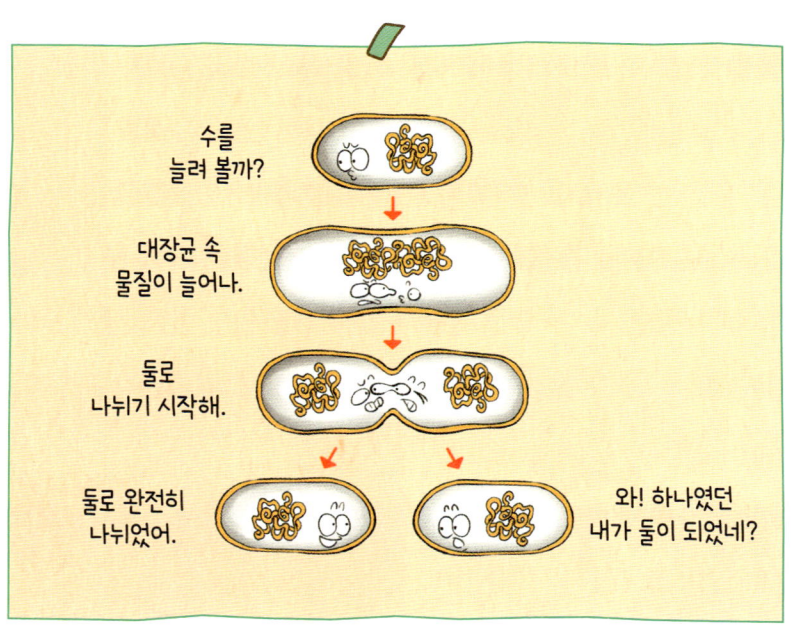

▲ 대장균은 분열하여 자손을 만들어.

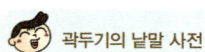

분열 나눌 분(分) 찢을 열(裂). 하나가 찢어지거나 갈라져서 둘 이상으로 나뉘는 것을 말해.

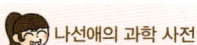

개체 살아가는 데 필요한 기능과 구조를 갖춘 하나의 생물체를 말해.

만드는 중이란다. 대장균은 몸을 둘로 분열시켜 각각 새로운 대장균이 되거든."

"오호! 생김새도 단순하고, 늘어나는 방법도 되게 간단하네요."

"그래. 또 몸이 분열하는 데 걸리는 시간도 짧아서 금세 많은 수로 늘어난단다."

"얼마나 빨리 늘어나는데요?"

"대장균 개체 하나는 20분에 한 번꼴로 분열하니까 계산해 보면……."

왕수재가 노트에 숫자를 적으며 빠르게 계산했다.

"20분에 2배, 40분에 4배, 60분에 8배……. 으으, 곱셈하기 귀찮아!"

"하하, 여기 미리 계산해 놓은 표를 보렴."

"우아! 7시간이면 200만 배가 넘게 늘어나네요!"

"정말 엄청나지? 대장균은 먹이와 살 공간이 충분하다면 한 개체가 이렇게까지 늘어날 수 있단다. 바로 우리 몸속 같은 곳에서 말이지!"

분열하기 시작	1 개체
1시간 후	8 개체
2시간 후	64 개체
3시간 후	512 개체
4시간 후	4,096 개체
5시간 후	32,768 개체
6시간 후	262,144 개체
7시간 후	2,097,152 개체

장하다가 급히 옷에 손을 문지르며 말했다.

"정말 손을 잘 닦아야겠네요. 다른 세균들도 이렇게 분열해서 늘어나나요?"

"물론이야. 세균 말고도 세포 하나로 이루어진 생물들은 주로 이렇게 수를 늘리지."

핵심정리

대장균은 몸을 둘로 분열하여 자손을 만들어. 분열하는 데 걸리는 시간이 짧아서 금세 많은 수로 불어날 수 있어.

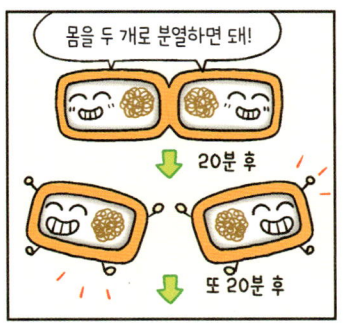
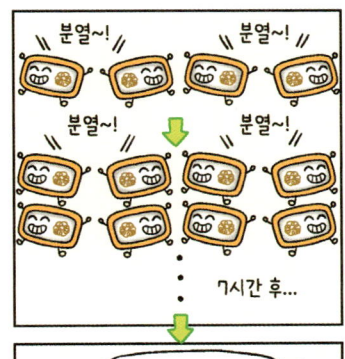

 ## 빠르고 간단하면 늘 좋을까?

"세균처럼 몸을 둘로 나누면 쉽게 수를 늘릴 수 있는데, 다른 생물들은 왜 굳이 짝짓기를 해서 자손을 낳아요?"

"야, 네 몸을 반으로 나누면 엄청 아프지 않겠나?"

"참, 그렇겠네. 거기까진 생각 못 했어."

왕수재의 말에 장하다가 머리를 긁적였다.

"이제까지 배운 것들을 한번 떠올려 보자. 식물이나 동물은 어떻게 수를 늘린다고 했지?"

"식물은 꽃을 피워서 씨를 만들어요."

"동물은 짝짓기해서 알이나 새끼를 낳고요."

"그래. 식물이나 동물처럼 암수가 만나 자손을 만드는 생식 방법을 유성 생식이라고 해. 한편 대장균은 암수가 구별되지 않고 수정도 하지 않아. 그냥 자신의 몸을 분열시켜서 수를 늘리지. 이런 방법으로 이루어지는 생식을 무성

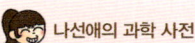 **나선애의 과학 사전**

유성 생식 있을 유(有) 성별 성(性) 생식. 암수가 만나 수정하는 과정을 거쳐 자손을 만드는 생식을 말해.

무성 생식 없을 무(無) 성별 성(性) 생식. 암수가 만나 수정하는 과정 없이 개체 혼자 자손을 만드는 생식을 말해.

▲ 유성 생식   ▲ 무성 생식

생식이라고 해."

공책을 뒤적이던 나선애가 물었다.

"예전에 배운 식물의 영양 생식도 식물의 몸을 잘라서 수를 늘리는 거니까 수정이 일어나지 않잖아요. 그럼 그건 유성 생식이에요, 무성 생식이에요?"

"아주 좋은 질문이야. 영양 생식도 무성 생식 중 하나란다. 무성 생식이 뭔지 확실히 알겠지?"

왕수재가 턱을 긁으며 말했다.

"그런데 식물은 영양 생식을 할 수 있어도 꽃을 피워 씨를 만드는 유성 생식을 주로 한다고 하셨잖아요. 왜 간단한 무성 생식을 놔두고 복잡하게 유성 생식을 해요?"

"하하. 그때도 설명해 줬는데 잊어버렸구나! 예전에 배운 걸 함께 떠올려 보자."

용선생은 화면에 새로운 그림을 띄웠다.

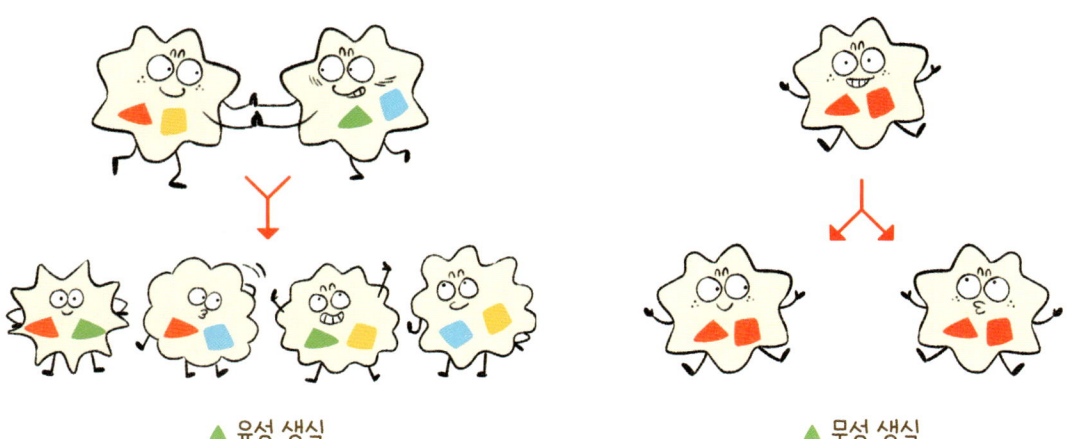

▲ 유성 생식　　　　　　▲ 무성 생식

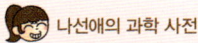

나선애의 과학 사전

유전 부모의 특성이 자손에게 전해지는 것을 말해. 특성을 전달하여 유전 현상을 일으키는 물질을 유전 물질이라고 하지. 대표적인 유전 물질로 DNA가 있어.

"무성 생식으로 태어난 자손은 부모와 완전히 똑같은 특성을 가져. 한 개체로부터만 특성을 물려받기 때문이야. 하지만 유성 생식을 하면 두 개체로부터 물려받은 유전 물질이 섞여서 부모와는 조금 다른 특성을 가진 자손이 태어날 수 있어."

"아, 다시 들으니 조금씩 생각이 나네요."

"그래, 좀 더 기억해 보렴. 유성 생식을 하면 자손이 보다 다양한 특성을 가지고 태어날 수 있다고 했지? 그럼 사는 곳의 환경이 나빠졌을 때 몽땅 죽지 않고 누군가는 살아남을 가능성이 커져."

"아하, 기억났어요. 다양한 특성을 가질수록 환경이 변해도 적응해서 살아남기 유리하다는 거요!"

"오, 기억났구나. 중요한 거니까 다시 한 번 짚어 볼까? 어떤 생물이 추위에 약하다고 해 보자. 그런데 따뜻하던 날씨가 갑자기 아주 추워진다면 어떻게 될까? 그 생물들이 무성 생식으로 늘어난 거라면 모두가 똑같이 추위에 약해서 아무도 살아남지 못할 거야. 하지만 유성 생식으로 생겨난 자손이라면 다르겠지."

"맞아요. 그중에 추위를 견딜 수 있는 특성을 가진 개체도 있을 수 있죠."

다양한 특성을 가질수록 살아남기 유리해!

"그럼 자손이 살아남을 수도 있을 거고요."

"바로 그거야. 같은 종류의 생물이라도 저마다 다양한 특성을 가진다면 환경이 어떻게 바뀌더라도 그중 누군가는 살아남을 수 있어."

왕수재가 갑자기 목소리를 높였다.

"잠깐만요! 그러면 대장균은 무성 생식을 해서 똑같은 특성만 가지니까 환경이 나빠지면 한꺼번에 다 죽어요?"

"그렇지!"

무성 생식을 하면 부모와 똑같은 특성을 가진 자손이 생겨. 그에 반해 암수가 만나 수정이 이루어지는 유성 생식을 하면 부모와 다른 특성을 가진 자손이 생겨.

 ## 대장균의 특성이 바뀌려면?

"그럼 무성 생식하는 생물들이 어떻게 지금까지 살아남았어요? 환경이 늘 살기 좋은 건 아니었을 테니 어느 때건 다 같이 죽었을 수도 있잖아요."

"오! 아주 예리한 지적이야. 사실 무성 생식을 하는 생물이라고 해서 항상 똑같은 특성만 가지는 건 아니야. 환경이 살기 나쁘게 바뀌면 유성 생식과 비슷한 방법을 써서 새로운 특성을 가지기도 하거든."

"대장균도 새로운 특성을 가질 수 있다고요?"

"응. 그렇다고 동물이나 식물처럼 수정을 하는 건 아니고, 조금 다른 방법으로 자신과 특성이 다른 자손을 만들어 내지."

"조금 다른 방법이라니요?"

"바로 접합이야. 대장균 한 개체가 다른 개체로 관을 뻗어 유전 물질을 전달하는 방법이지. 접합을 통해 대장균은 자신의 유전 물질과 다른 개체의 유전 물질을 서로 주고받은 뒤 이전과 다른 특성을 가지게 돼."

"오, 꼭 공상 과학 영화에 나오는 괴물 같아요!"

"하하! 접합으로 새로운 특성을 가지게 된 대장균 중에서 나빠진 환경에 적응하여 살아남은 개체는 다시 무성 생식으로 재빨리 수를 늘리지."

"헉! 특성을 바꿔 일단 살아남은 다음에 다시 무성 생식으로 수를 늘린다고요?"

"정말 놀랍지? 예전 사람들은 대장균 같은 세균은 당연

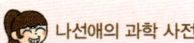

나선애의 과학 사전

접합 서로 다른 것을 갖다 붙인다는 말이야. 생식에서는 서로 다른 개체끼리 관을 연결하여 유전 물질을 전달하거나 교환하는 것을 뜻해.

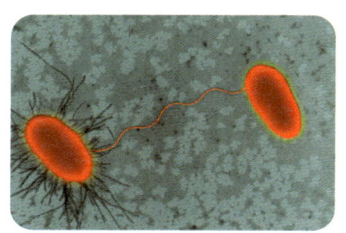

▲ **대장균의 접합** 전자 현미경으로 접합을 하는 대장균을 찍은 모습이야. 대장균 하나가 다른 대장균에게 관을 연결해 유전 물질을 전달하고 있어.

히 무성 생식만 한다고 생각했어. 대장균이 접합을 하는 걸 봐도 잘못 봤다고 생각했을 정도였지."

"눈으로 봐도 믿을 수 없었나 보네요."

"그래. 하지만 오늘날에는 대장균도 특성이 다른 자손을 만든다는 게 밝혀졌으니 신기하지? 무성 생식을 하는 생물이 때때로 유성 생식과 비슷하게 생식하는 방법에 대해서는 앞으로도 연구할 게 많단다."

"야호! 그럼 더 공부할 필요 없네요. 연구가 다 되면 그때 알려 주세요."

"어휴, 그때 가면 공부할 게 더 많아질 텐데?"

나선애가 장하다에게 핀잔을 주자 용선생이 눈을 번쩍 뜨며 말했다.

"그렇다면 지금부터 보충 수업을 시작해 볼까?"

"아하하, 저는 대장균이 있을지 모르니 손 씻으러 이만 가 보겠습니다!"

핵심정리

무성 생식을 하는 생물이라도 환경이 살기 나빠지면 때때로 유성 생식과 비슷한 방법을 써서 새로운 특성을 가지는 자손을 만들기도 해.

나선애의 정리노트

1. 생식의 종류

ⓐ_____ 생식	방법	ⓑ_____ 생식
암수가 만나 ⓒ_____을 거쳐 자손을 만듦.	방법	수정을 거치지 않고 개체 혼자 자손을 만듦.
오래 걸림.	걸리는 시간	짧게 걸림.
부모와 다름.	자손의 특성	부모와 똑같음.
살아남을 가능성이 큼.	환경이 나빠졌을 때	살아남을 가능성이 적음.

2. 대장균의 생식 방법

① 무성 생식: 몸을 둘로 ⓓ_____하여 수를 늘림.

② ⓔ_____
- 환경이 살기 나빠졌을 때 원래와 다른 특성을 얻는 방법
- 서로 다른 개체끼리 관으로 연결하여 유전 물질을 교환함.

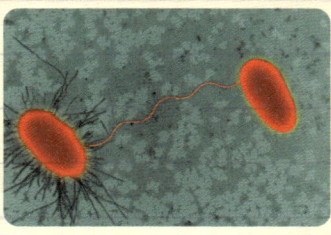

ⓐ 유성 ⓑ 무성 ⓒ 수정 ⓓ 분열 ⓔ 접합

 **과학퀴즈** 달인을 찾아라!

●정답은 131쪽에

01

친구들이 이번 시간에 배운 내용에 대해 이야기하고 있어. 옳으면 O, 옳지 않으면 X를 표시해 줘.

① 대장균은 살기 적당한 환경에서 짧은 시간에 많은 수로 불어나. (　　)
② 무성 생식으로 태어난 자손은 부모와 특성이 달라. (　　)
③ 대장균은 살기 어려운 환경에서 접합을 하기도 해. (　　)

02

아래 쪽지의 문장 속 괄호에 들어갈 말을 순서대로 이으면 어떤 모양이 나온대. 정답을 찾아서 어떤 모양이 나오는지 그려 봐.

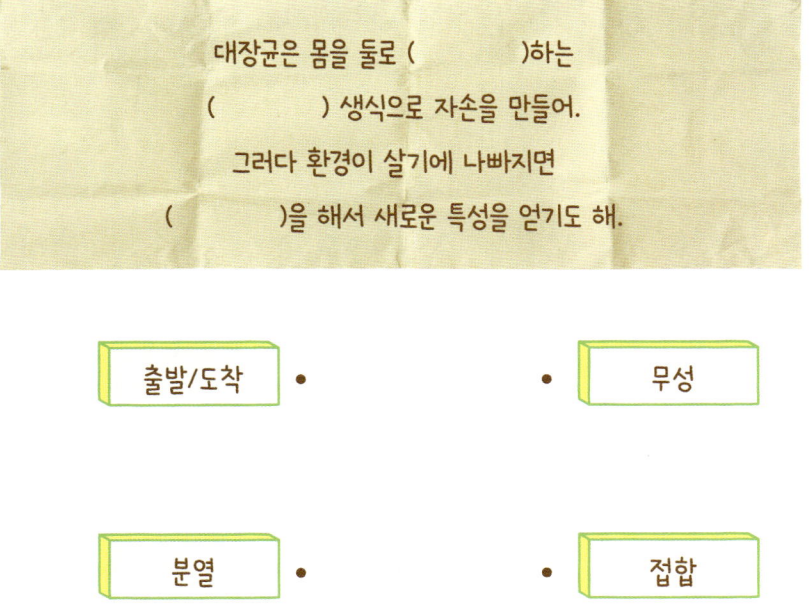

대장균은 몸을 둘로 (　　)하는
(　　) 생식으로 자손을 만들어.
그러다 환경이 살기에 나빠지면
(　　)을 해서 새로운 특성을 얻기도 해.

출발/도착　•　　•　무성

분열　•　　•　접합

| 용선생의 과학 카페 | 용선생의 한국사 카페 | 용선생의 세계사 카페 |

https://cafe.naver.com/yongyong

용선생의 과학 카페

과학계의 핵인싸,
용선생의 과학 카페에
오신 걸 환영합니다.

Log in

오늘은 어떤
재미난 지식을
올려 볼까?

MENU

물리면 아프다
화학이 화하하
생물 오징어
지구는 둥글다

암컷 혼자서 자손을 만들어

▲ **대리석무늬가재** 몸 색깔과 무늬가 대리석을 닮아서 대리석무늬가재라는 이름이 붙었어.

대리석무늬가재는 암컷만 있고 아예 수컷이 없는 희귀한 생물이야. 어떻게 수컷 없이 암컷 혼자서 알을 낳아 자손을 남길 수 있을까?

그 비밀은 바로 알에 있어. 알에는 나중에 정자와 만나 배로 자랄 부분과, 배를 자라게 할 영양분인 난황이 있어. 그런데 대리석무늬가재의 알은 정자와 만나지 않아도 저절로 배가 자라나 새끼가 되어 부화한단다.

이렇게 수정 과정 없이 알만으로 자손을 만드는 생식 방법을 단성 생식이라고 해. 단성 생식은 수정을 하지 않으니까 무성 생식에 속하지. 물론 알을 낳는 모든 생물이 단성 생식을 할 수 있는 건 아니지만 말이야.

배로 자랄 부분

난황

▲ 현미경으로 크게 관찰한 알

◀ 대리석무늬가재의 알

원래 유성 생식을 하는 생물도 경우에 따라서 무성 생식으로 자손을 남기기도 해. 진딧물은 원래 암컷과 수컷이 짝짓기하여 알을 만들어. 하지만 살기 좋은 봄부터 여름 동안에는 암컷이 단성 생식을 해서 암컷 새끼를 바로 낳아. 그래서 짧은 시간 동안 자손의 수를 빠르게 늘리지.

▲ 새끼를 낳는 암컷 진딧물

▲ 빠르게 불어나는 진딧물

호주의 어느 수족관에서는 수컷 없이 몇 년째 살던 암컷 얼룩말상어가 혼자서 새끼를 낳았다고 해. 짝짓기 상대를 만날 수 없는 환경에서 어떻게든 자손을 남기기 위해 단성 생식을 한 거야.
생물들은 이렇게 온갖 다양한 방법으로 생식을 하고 있어. 그 까닭이 뭐냐고? 생물에게는 자손을 남기며 계속 살아남는 것이 무엇보다도 중요하기 때문이지!

▲ **얼룩말상어** 새끼 때에는 얼룩말 같은 얼룩무늬를 띠다가 다 자라면 점무늬를 띠어.

장하다의 오답을 피하는 방법
나선애의 야무진 실험실
왕수재의 아는 척 과학교실
허영심의 별 헤는 밤
곽두기의 빅뱅 따라잡기

COMMENTS

이러다 암컷만 사는 세상이 오는 거 아냐?

└ 유성 생식으로 태어난 자손이 살아남기에 유리해서 그럴 일은 없을걸?

└ 어휴, 다행이네요.

가로세로 퀴즈

생식에 관한 가로세로 퀴즈야. 빈칸을 채워 봐.
띄어쓰기는 무시해도 돼.

가로 열쇠	① 알 속의 배가 자라는 데 필요한 영양분 ② 암컷 몸속에서 알을 부화하여 애벌레를 낳는 곤충 ③ 소나무처럼 바늘 모양의 잎을 가진 나무를 통틀어 일컫는 말 ④ 대장균 같은 생물이 수정 과정 없이 자손을 만드는 방법 ⑤ 고치벌이 자손을 남기기 위해 이용하는 방법 ⑥ 꽃의 암술에서 밑씨를 둘러싸고 있는 부분 ⑦ 암수가 만나 수정 과정을 거쳐 자손을 만드는 방법 ⑧ 꽃가루가 암술머리에 옮겨지는 것
세로 열쇠	① 암컷이 만드는 알을 부르는 다른 말 ② 식물이 뿌리, 줄기, 잎 같은 영양 기관을 이용하여 자손을 늘리는 방법 ③ 암컷과 수컷이 물속에서 동시에 알과 정자를 내보내어 만나게 하는 수정 방법 ④ 생물의 몸에서 생식을 담당하는 부분 ⑤ 밑씨가 겉으로 드러나 있는 식물 ⑥ 식물의 줄기나 잎을 잘라 흙에 꽂아서 새로운 식물로 만드는 생식 방법 ⑦ 수술에서 꽃가루를 만드는 곳

●정답은 131쪽에

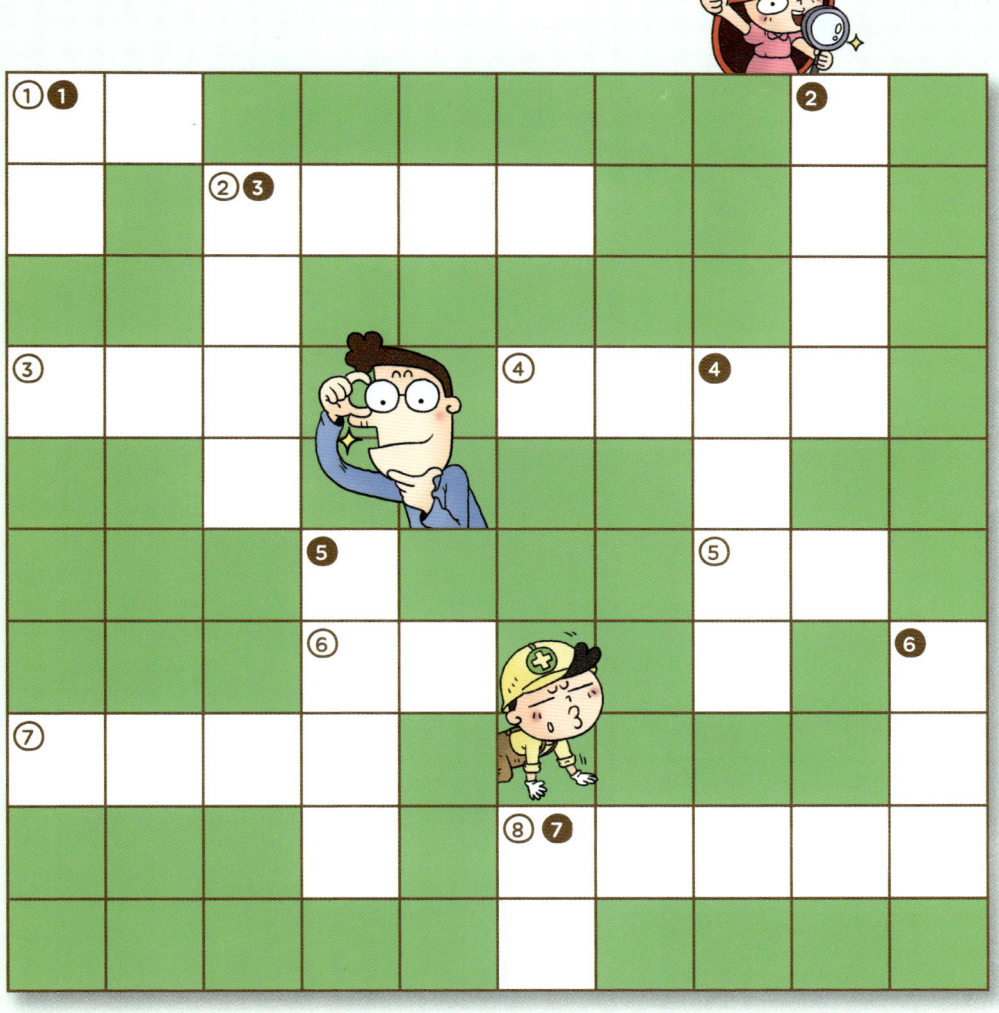

교과서 속으로

교과서에서는 어떻게 배울까?

초등 3학년 1학기 과학 | 동물의 한살이

여러 가지 동물의 한살이는 어떻게 다를까?

- **배추흰나비의 한살이**
  - 동물의 알에서 애벌레나 새끼가 알껍데기를 뚫고 밖으로 나오는 것을 부화라고 한다.
  - 배추흰나비는 알에서 깨어나 애벌레, 번데기를 거쳐 어른벌레가 된다.

- **알을 낳는 동물의 한살이**
  - 땅 위나 땅속에 알을 낳는 동물도 있고 물에 알을 낳는 동물도 있다.
  - 동물에 따라 알의 수, 크기, 모양이 다르다.

 곤충도, 두꺼비도, 거북이도 알을 낳아.

초등 5학년 1학기 과학 | 다양한 생물과 우리 생활

세균에는 어떤 특징이 있을까?

- **세균이 사는 곳**
  - 세균은 우리가 맨눈으로 볼 수 없지만 주변에 있는 땅이나 물, 다른 생물의 몸, 컴퓨터 자판이나 연필 같은 물체 등에도 산다.

- **세균의 특징**
  - 세균은 살기에 알맞은 조건이 되면 짧은 시간 안에 많은 수로 늘어날 수 있다.

 난 대장균이 어떻게 자손을 만드는지 알고 있지.

교과서랑 똑같네!

| 초등 6학년 1학기 과학 | 식물의 구조와 기능 |

식물의 꽃과 열매는 어떤 일을 할까?

- **꽃의 구조와 기능**
  - 꽃은 대부분 암술, 수술, 꽃잎, 꽃받침으로 이루어져 있다.
  - 꽃은 씨를 만드는 일을 한다. 씨를 만들려면 꽃가루받이가 일어나야 한다.

- **열매의 구조와 기능**
  - 씨가 자라는 동안 씨를 싸고 있는 부분이 함께 자라서 열매가 된다.
  - 열매는 어린 씨를 보호하고, 씨를 멀리 퍼뜨리는 일을 한다.

 벌이 꿀을 먹으면서 꽃가루받이를 도와줘.

| 중 3학년 과학 | 생식과 유전 |

무성 생식과 유성 생식

- **무성 생식**
  - 암수 생식 세포가 수정하지 않고 자손을 만드는 방법
  - 자손은 부모와 특성이 같아서, 환경이 급격하게 변하면 잘 적응하지 못한다.

- **유성 생식**
  - 암수 생식 세포가 수정하여 자손을 만드는 방법
  - 자손은 부모와 특성이 달라서, 환경이 급격하게 변해도 살아남을 가능성이 높다.

 우리가 배운 내용이 다 있어. 중학교 가도 과학은 걱정 없어!

찾아보기

개구리 92-93, 95-99, 101, 103, 106
개체 114-116, 118, 120, 122
거북 98-101, 103-106, 108
겉씨식물 51-52, 55-56
경쟁 41-42, 81-82, 88
고구마 68-69, 72
고치벌 83-85, 87-88
곤충 15, 17, 19, 24, 26, 56, 78-83, 85-88, 98, 108
과육 32-33, 42, 47
구근 66-69
금낭화 37
기생 83-84, 88
꺾꽂이 61-62, 71-72
꽃(잎, 받침) 12-13, 15-20, 22-24, 26, 31-32, 48-51, 53, 56, 61, 65-71, 74, 80-81, 116-117
꽃가루(관, 받이) 15-24, 26-27, 30-31, 48, 50-51, 53-54, 56, 75, 95, 116
꽃눈 66-67
꿀(샘) 12, 17-18, 24, 26, 80-81
나방 78-80
난자 94, 108
난황 96-98, 102-103,

108, 124
단성 생식 124-125
대나무 63-65, 68-69, 72
대리석무늬가재 124
대장균 113-116, 119-122
도꼬마리 33, 35, 41
두꺼비 92-99, 101, 103, 106, 108
땅속줄기 63-65, 68
만손초 68-69, 71-72
무성 생식 116-122, 124-125
미선나무 61, 69, 71
밑씨 15-16, 18-21, 24, 31, 48-56, 75, 95, 116
배 96-98, 102-103, 105-106, 108, 124
배추흰나비 80-81
번데기 80, 83-86
봉숭아 36
부화 80, 83, 85-88, 103-106, 124
분열 114-116, 122
비늘(잎, 줄기) 53-56, 66, 68-69
생식 기관 15-16, 24, 51, 100
세균 112-113, 115-116, 120
세포 19, 94, 113, 115

소나무 27, 52-56
속씨식물 16, 51-52, 56
솔방울 52-56
수꽃 49-55
수술 15-19, 23-24, 49-50, 53, 56
수정 18-19, 31, 53-54, 75, 94-96, 99-101, 106, 108, 116-117, 119-120, 122, 124
씨 13-14, 16, 18-19, 21-22, 24, 30-39, 41-42, 46-48, 51, 53-56, 60-61, 65-71, 74-75, 116-117
씨방 15-16, 18-19, 24, 31-33, 42, 47-48, 51, 56
알 19, 66, 79-80, 82-88, 92-106, 108, 116, 124-125
암꽃 27, 49-55
암술(머리) 15-19, 23-24, 27, 49-50, 56
애벌레 37-38, 78, 80-88
어른벌레 80-82, 84-85, 87-88
엘라이오솜 37-39, 42
열매 13, 30-39, 41-42, 46-48, 56, 70
영양 기관 62, 72
영양 생식 62-72, 117
올챙이 97-98, 103

원예업 70-71
유성 생식 116-122, 125
유전 물질 118, 120-122
은행 46-53, 55-56
자손 13-16, 20-24, 39, 63, 68-69, 71-72, 74, 79-82, 84, 87, 113-116, 118-122, 124-125
잣나무 54-56
적응 22, 24, 71, 118, 120
접합 120-122
정자 19, 94-96, 99-101, 106, 116, 124
젖샘 85-86
젤리층 96-98, 106
죽순 63-64
체내 수정 99-101, 106
체외 수정 95, 98-99, 106
체체파리 85-88
침엽수 52
코코넛 33, 38-39
탈바꿈 80-82, 88, 97, 106
태반 108-109
튤립 65-69, 72
포자 74-75
한살이 13, 67, 80, 83, 85, 97
호주박쥐나방 79, 82, 87
홀씨 74-75

퀴즈 정답

1교시

01 ① O ② X ③ O

02

2교시

01 ① O ② X ③ X

02

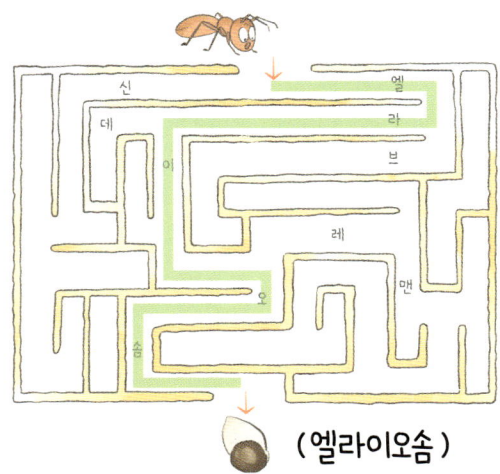

(엘라이오솜)

3교시

01 ① X ② O ③ O

02

4교시

01 ① O ② X ③ O

02 생 선 구 이

5교시

01 ① O ② O ③ X

02 ① 부화
　　② 애벌레
　　③ 탈바꿈

부	기	재	애
화	도	벌	기
모	레	빨	대
해	탈	바	꿈

6교시

01 ① O ② X ③ X

02

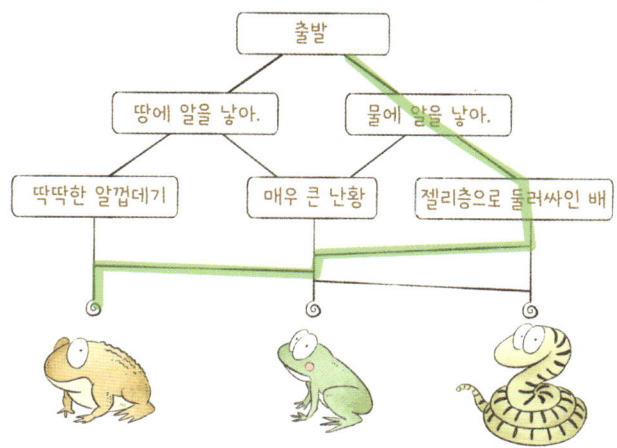

7교시

01 ① O ② X ③ O

02

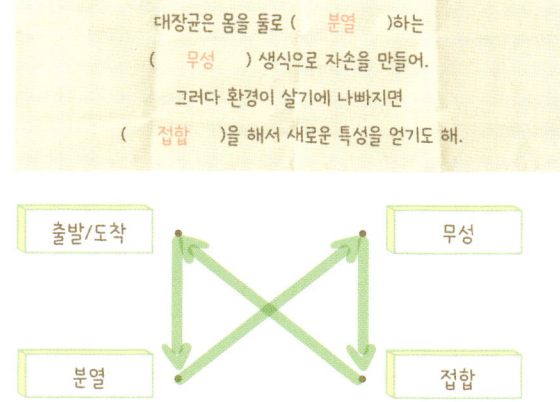

가로세로 퀴즈

①난	황						②영	
자		②③체	체	파	리		양	
		외					생	
③침	엽	수			④무	성	④생	식
		정					식	
			겉			⑤기	생	
			⑥씨	방			관		⑥꺼
⑦유	성	생	식					꽃
			물		⑧⑦꽃	가	루	받	이
					밥			

일러두기

- 맞춤법과 띄어쓰기는 국립국어원에서 펴낸 《표준국어대사전》을 따랐습니다.
- 과학 용어 표기는 《2015 개정 교육과정에 따른 교과용도서 개발을 위한 편수자료Ⅲ 기초과학, 정보 편》을 따랐습니다.
- 이 책에 실린 사진은 저작권자로부터 사용 허가를 받았습니다. 저작권자와 접촉하기 위해 최선을 다했으나 불가피한 사정으로 사용 허가를 받지 못한 일부 사진에 대해서는 저작권자와 연락이 닿는 대로 게재 허락을 받고 사용료를 지불하겠습니다.
- 이 책에 실린 그림의 저작권은 별도의 표기가 없는 한 사회평론에 있습니다.

사진 제공

17쪽: Grant Heilman Photography(Alamy Stock Photo), Phil Savoie(naturepl.com), Gettyimagesbank | 23쪽: Custom Life Science Images(Alamy Stock Photo) | 26쪽: Rolf Nussbaumer(naturepl.com) | 27쪽: 박해정 | 28-29쪽: Jean-Paul Chatagnon(Biosphoto) | 32쪽: 북앤포토 | 34쪽: MShieldsPhotos(Alamy Stock Photo) | 35쪽: 북앤포토 | 36쪽: NNP photo library | 37쪽: 북앤포토 | 47쪽: nutria3000(123rf.com), ViewStock(age fotostock) | 49쪽: 북앤포토 | 52쪽: 북앤포토 | 58-59쪽: Gettyimagesbank | 61쪽: Dalgial(wikimedia commons_CC3.0) | 63쪽: Noah Bell(bamboogarden.com) | 75쪽: Dwight Kuhn, age fotostock(Alamy Stock Photo) | 76-77쪽: Joaquin Corbalan pastor(Alamy Stock Photo) | 79쪽: Jenny Holmes | 81쪽: 북앤포토 | 83쪽: 북앤포토 | 85쪽: Piotr Naskrecki(Minden Pictures/Nature in Stock) | 110-111쪽: 퍼블릭도메인 | 113쪽: Science Photo Library(Alamy Stock Photo) | 120쪽: DENNIS KUNKEL MICROSCOPY(SCIENCE PHOTO LIBRARY) | 124쪽: Paulo Oliveira(Alamy Stock Photo), Gunter Vogt | 그 외: 셔터스톡

용선생의 시끌벅적 과학교실 | 생식

1판 1쇄 발행	2019년 12월 20일
1판 8쇄 발행	2025년 2월 24일
글	설정민, 김형진, 이명화, 이현진
그림	조현상(매드푸딩스튜디오), 뭉선생, 윤효식
감수	박재근
캐릭터	이우일
어린이사업본부	이승필
책임편집	최미라
편집	정세민, 이명화, 홍지예, 김미화, 최예리, 윤성진
마케팅	윤영채, 정하연, 안은지, 박찬수
경영지원본부	나연희, 주광근, 오민정, 정민희, 김수아, 김승현
아트디렉터	강찬규
디자인	디자인서가
사진	북앤포토
펴낸이	윤철호
펴낸곳	(주)사회평론
전화	02-326-1182
팩스	02-326-1626
주소	03993 서울시 마포구 월드컵북로6길 56 사평빌딩
출판등록	1993년 10월 6일 제 10-876호

© 사회평론, 2019

ISBN 979-11-6273-070-6 73400

- 이 책 내용의 일부나 전부를 다시 사용하려면 저작권자와 사회평론의 동의를 받아야 합니다.
- 잘못 만들어진 책은 바꾸어 드립니다.

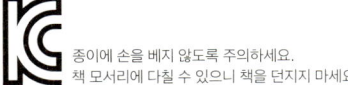

종이에 손을 베지 않도록 주의하세요.
책 모서리에 다칠 수 있으니 책을 던지지 마세요.